Som-Imagem no Cinema

Coleção Debates
Dirigida por J. Guinsburg

Equipe de Realização – Revisão: Cristina Ayumi Futida; Produção:
Ricardo W. Neves e Sergio Kon.

luiz adelmo fernandes manzano

SOM-IMAGEM NO CINEMA

A EXPERIÊNCIA ALEMÃ DE FRITZ LANG

PERSPECTIVA

Copyright © 2003 by Luiz Adelmo Fernandes Manzano

Dados Internacionais de Catalogação na Publicação (CIP)
(Câmara Brasileira do Livro, SP, Brasil)

Adelmo, Luiz
    Som-imagem no cinema : a experiência alemã
de Fritz Lang / Luiz Adelmo, Fernandes Manzano.
-- São Paulo : Perspectiva : 2014.

    2. reimpr. da 1. ed. de 2003
    Bibliografia.
    ISBN 978-85-273-0681-2

    1. Cinema – Alemanha – História 2. Lang, Fritz,
1890-1976 – Crítica e interpretação I. Manzano,
Fernandes. II. Título.

03-6115   CDD-791.4302

Índices para catálogo sistemático:
1. Cinema : Imagem : Belas-artes 791.4302
2. Cinema : Som : Belas-artes 791.4302

1ª edição – 2ª reimpressão
[PPD]

Direitos reservados à
EDITORA PERSPECTIVA LTDA.

Av. Brigadeiro Luís Antônio, 3025
01401-000 – São Paulo – SP – Brasil
Telefax: (0--11) 3885-8388
www.editoraperspectiva.com.br

2019

Agradecimentos:

à minha orientadora, Profa. Dra. Maria Dora Genis Mourão;
ao Prof. Dr. Fernão Ramos;
à principal responsável por este trabalho, minha mãe, Nanci
Fernandes;
a Nathalia Rabczuk, Eduardo Santos Mendes, José Luiz Sasso.

Dedico este livro à memória do Prof. Dr. Eduardo Leone
e de minha avó, Conceição Manzano Fernandes,
que deixam muita saudade e muita sabedoria.

SUMÁRIO

Apresentação – *Maria Dora Genis Mourão*............................ 11

Prefácio.. 17

Introdução... 19

1. Reflexão Teórica sobre o Som no Cinema "Mudo"...... 25

   Primórdios / Primeiras Projeções.................................... 25
   Primeiras Reflexões Teóricas.. 32
   A Percepção e Merleau-Ponty.. 36
   A Construção da Imagem no Cinema "Mudo".............. 39
   *Principais Práticas de Representação Sonora no
   Cinema "Mudo"*.. 46

2. Contexto Histórico da Produção Cinematográfica
   Alemã (dos primórdios até 1931).................................... 53

   *Contexto Histórico das Artes em Geral na Alemanha
   nos Anos de 1920*... 53
   O Cinema Alemão dos Anos de 1910 e 1920................. 57

O Apogeu do Cinema Alemão.. 66
Fritz Lang e o Expressionismo..................................... 76

3. Reflexão Teórica sobre o Som no Cinema Sonoro....... 85

Advento do Cinema Sonoro... 85
Refletindo sobre o Papel do Som dentro do Filme.......... 89
O Som Encontra o seu Papel.. 94
Fritz Lang e o Som.. 98
Gilles Deleuze e o Som no Tempo.............................. 101
Novas Inter-Relações.. 110

4. Aplicação do Desenvolvimento Teórico: Análise de
Trechos de *Metropolis* e *M, o Vampiro de Düsseldorf.* 117

Análise de Metropolis...117
    Considerações sobre as diferentes cópias
    de *Metropolis* 117
    Escolha de sequências para análise 125
    Análise da apresentação de *Metropolis* –
    créditos iniciais 127
    Segundo trecho de análise: o "Moloch".............. 130
    Terceiro trecho de análise: Freder "ouve"
    Maria tentando fugir de Rotwang...................... 137
Análise de M, o Vampiro de Düsseldorf..................... 143
    Considerações iniciais... 143
    Análise... 150

Considerações Finais 159

Referências Bibliográficas..165
Referências Fílmicas.. 171

APRESENTAÇÃO

O cinema nasceu mudo. Afirmação audaciosa, uma vez que se por um lado o filme era mudo por não reproduzir fisicamente o som, por outro, – conforme se verifica no decorrer deste livro –, entenderemos que o cinema se pretendia sonoro mesmo enquanto mudo, por sugerir sons. Os primeiros filmes realizados pelos irmãos Lumière não tinham nenhum acompanhamento sonoro. Vale lembrar que, para eles, o cinema era resultado de uma experiência científica, portanto longe da ideia de espetáculo ou entretenimento. No ponto de vista deles, o cinema não tinha futuro. No entanto, acompanhar o movimento da saída dos trabalhadores da fábrica dos Lumière (*La sortie de l'Usine Lumière à Lyon* – 1895), ou ver o trem aproximar--se da estação (*L'árrivée d'um train a la Ciotat* – 1896) – ações enquadradas em planos gerais próximos e em ângulo frontal –, coloca-nos diante de uma sensação sonora que emana da imagem.

Outros filmes faziam referência direta ao som. Georges Méliès, por exemplo, realiza *L'Homme Orchestre* (1900), filme

11

em que o ator que representa o homem-orquestra, que é ele mesmo. Sete cadeiras estão dispostas num palco, Méliès senta-se na primeira cadeira e, num processo de multiplicação de sua própria figura, vai se transformando em vários personagens-músicos, cada um com um instrumento diferente. Ao se completar a banda, inicia-se a apresentação sob a regência do maestro, oferecendo ao público uma representação imagética da música.

Rapidamente, no entanto, a exibição dos filmes passou a ser acompanhada por música, ruídos, canto e, por vezes, através de um locutor que contava a história dando detalhes que o filme não podia mostrar. A figura do locutor aparece por volta de 1902 e é muito usada, principalmente em 1906 e 1907.

Encontramos, também, referências ao uso de atores que narravam o filme simultaneamente à projeção das imagens, posicionando-se por vezes na frente ou atrás da tela. Nesse período, os acompanhamentos sonoros tinham como função primordial possibilitar o entendimento da história, além de criar condições mais agradáveis de exibição, ou seja, divertir o público.

A primeira obra musical escrita para o cinema é de Saint-Saëns, para o filme *O Assassinato do Duque de Guise* (1908). É igualmente conhecida a preocupação de D.W. Griffith com as trilhas musicais que acompanhavam seus filmes, principalmente a trilha de *Nascimento de uma Nação* (1914), trabalhada em conjunto com Joseph Carl Breil, e reforçava o sentimento patriótico do espectador. Outro destaque é a partitura do filme *La Roue* (1922), de Abel Gance, composta por Honegger e que, de certa maneira, não corresponde à mágica das imagens.

Nesse período, a música no cinema era utilizada, como dizia Hanns Eisler, com a função de ser um auxiliar de segunda categoria. Não havia a intenção de integrar dramaticamente o som à imagem. Na medida em que passam a ser produzidos filmes mais elaborados, as trilhas sonoras também se sofisticam. No entanto, a estrutura dos filmes mantém uma lógica mais voltada para o agenciamento de imagens, independentemente do som.

O filme *Encouraçado Potemkin* (1925), de S. M. Eisenstein, teve uma partitura composta por Edmund Meisel posteriormente à realização do filme. Segundo declarações do próprio Eisenstein, o princípio usado por Meisel foi aquele defendido em sua teoria do filme sonoro: o de criar uma integração absoluta entre a imagem e o som.

Infelizmente, não podemos ter a experiência de conhecer este trabalho, pois a cópia do filme que circula atualmente em vídeo é acompanhada por uma composição de Dmitri Shostakovich. A música não reflete, em nenhum momento, as discussões sobre o contraponto audiovisual tão importantes na teoria Eisensteiniana. Na verdade, ela é um exemplo daquilo que Eisenstein considerava como não devendo ser o papel da música, ou seja, uma tradução naturalista da imagem.

"O sonho do filme sonoro tornou-se realidade". Assim se inicia o manifesto coletivo publicado em 5 de agosto de 1928 na revista *Leningrado* (Zhizn Iskusstva). Eisenstein, Pudovkin e Alexandrov recebem a ideia do cinema sonoro com muito entusiasmo.

Um dos pontos fortes do texto é a ênfase que se dá à proposta da não utilização do som de maneira naturalista, mas sim dentro dos princípios da montagem cinematográfica. "Somente o uso contrapontual do som em relação à imagem visual pode propiciar uma nova potencialidade ao desenvolvimento e perfeição da montagem".

Sem deixar de respeitar as leis estruturais de representação de cada uma das partes, o som passa a ser considerado um novo elemento de montagem que deve ser utilizado para derrubar as barreiras entre o ver e o ouvir, criando correspondências e organicidade.

Vale nos debruçarmos rapidamente sobre a teoria eisenteiniana por ser ela o início das reflexões sobre a função do som como expressão dramática.

É no texto escrito em 1929, "A Dialética da Forma Cinematográfica", que Eisenstein desenvolverá a sua reflexão sobre a questão do som. O objetivo principal do texto é discutir o conceito de conflito, conceito este que nasce da proposta de confrontação dos elementos da imagem cinematográfica, por meio da atração como criadora de emoções.

O conflito passa a ser a característica fundamental da montagem em contraposição à ideia de encadeamento, defendida por Pudovkin. A compreensão das coisas deve nortear-se por um processo dinâmico. O "ser como constante evolução da interação de dois opostos contraditórios. A síntese que nasce da oposição entre tese e antítese". Dessa maneira, a arte será entendida "através do princípio dialético de conflito".

É a partir da palavra-chave "conflito" e de como ela surge no processo dialético que Eisenstein irá assentar, num primeiro momento, a sua teoria da montagem.

Partindo do princípio de que a montagem surge a partir do confronto dos planos independentes, a sensação de movimento criada pela passagem (num projetor) de 24 fotogramas (fixos) por segundo é fundamental. O olhar do espectador vai acompanhando a passagem dos fotogramas de acordo com um processo de superposição das imagens, e é desse processo que nasce a sensação de movimento. O grau de conflito entre o desenho de uma primeira imagem subsequente determinará a tensão e o ritmo. Por exemplo, quando observamos uma pintura, nosso olhar capta primeiro um elemento de maior interesse, conserva essa primeira impressão e a seguir sai à procura de outro elemento. O conflito entre as direções que se entrecruzam produzirá o efeito dinâmico na percepção do todo.

O movimento como elemento comum às duas categorias, imagem e som, é o que estabelecerá a sincronização interna necessária. É o movimento que se dá a completa correspondência entre imagem e som, fazendo com que o som expresse, através de sua estrutura específica, as características e significados de uma imagem, ou de um tema e vice-versa.

Na música encontraremos os mesmos princípios, notadamente no que diz respeito às vibrações que determinam um ritmo. Isso porque, segundo Eisenstein, "o contraponto (conflito) é para a música não apenas uma forma de composição, mas sim o fator fundamental para que se posse perceber e diferenciar as tonalidades".

Dessa forma, temos uma convergência entre o "princípio do contraponto espacial da arte gráfica" e o "contraponto temporal da música", sendo que, no cinema,chegamos a uma síntese de ambos.

Acrescente-se ao contraponto visual e ao contraponto sonoro o conflito desenvolvido na montagem interplanos, e estaremos diante de uma concepção da forma cinematográfica mais complexa, evidenciada pela relação de tipos de conflitos possíveis, tanto dentro do próprio plano (conflitos gráficos, de volumes, de espaços, de luz etc.) quanto na relação inter-planos (montagem).

O conflito entre experiência ótica e acústica nos leva ao cinema sonoro, o que nos permite falar de um contraponto audiovisual.

Portanto, a ideia de conflito vista sob o prisma da dialética abrirá questões para o cinema ao possibilitar uma reflexão da possível dramaturgia da forma cinematográfica, o que conduz segundo Eisenstein, a uma tentativa de sintaxe.

É a partir da necessidade de encontrar um novo estilo de montagem, que crie intercorrespondências entre a imagem e o som, que Eisenstein chega àquilo que chamará de "montagem vertical". Para tanto, apoiar-se-á no cinema mudo e na monta-gem polifônica, em que cada plano está ligado a outro através de uma multiplicidade de elementos internos ao plano, ele-mentos esses que mantêm sua independência composicional mas que, na sua articulação com outros, contribuem para for-mar o conjunto da sequência. É importante lembrar que essa articulação é trabalhada de acordo com a necessidade temática da sequência e do filme como um todo através da montagem intersequencial. É nesse conceito de montagem polifônica que a trilha sonora deve ser incluída e trabalhada, simultaneamen-te com outros elementos.

O conceito de simultaneidade deve ser visto, agora, de maneira mais ampla. No cinema mudo, o efeito de simulta-neidade era resultado das impressões deixadas no espectador pela ação de cada plano (plano a plano), ou até de fotograma (fotograma a fotograma=ilusão de movimento). O espectador vai mantendo a percepção das imagens, criando assim uma simultaneidade, chamada também por Eisenstein de dupla-ex-posição poderia ser considerada como característica da mon-tagem audiovisual, pois é nessa configuração que a imagem e o som podem ser trabalhados de maneira simultânea.

O essencial na proposta eisenteiniana é que a interação som-imagem no cinema deve dar-se de maneira mais pro-funda, indo além de uma simples criação de ambiente ou de efeitos fáceis de impactos emocionais, procurando sempre vin-cular-se à narrativa.

E é nesta perspectiva que o livro de Luís Adelmo se insere. Resultado de uma pesquisa para dissertação de mestrado "Som e Imagem no Cinema: A Experiência Alemã de Fritz Lang" analisa o desenvolvimento do som no cinema e aplica os conceitos a dois dos filmes mais representativos da obra de Fritz Lang na sua fase alemã: *Metropolis* e *M, O Vampiro de Düsseldorf*. Filmes clássicos da história do cinema, são exemplos indiscutíveis da proposta de reflexão elaborada no livro.

Vale salientar que não existe na bibliografia em língua portuguesa, notadamente no Brasil, publicação semelhante a esta. A importância que o som no cinema vem adquirindo, principalmente a partir dos recentes avanços tecnológicos que desaguaram na digitalização da imagem e do som, faz ressaltar o seu papel não só do ponto de vista narrativo, mas também dramático. Assim este livro vem cumprir uma função fundamental ao destacar o lugar do som e, principalmente, vem ocupar um espaço editorial vazio nos estudos da área, seja no cinema "mudo" ou no cinema sonoro.

PREFÁCIO

Este estudo consiste basicamente na dissertação de Mestrado defendida por mim em 1999 junto à Escola de Comunicações e Artes da Universidade de São Paulo (ECA-USP), sob orientação da Profa. Dra. Maria Dora Genis Mourão. Tendo em vista sugestões feitas pela banca examinadora, composta pelos Professores Doutores Eduardo Leone e Fernão Ramos, alguns pontos da dissertação foram revistos e retrabalhados, ampliando pontos importantes da investigação.

A pesquisa surgiu de inquietações despertadas desde a graduação em Cinema, desenvolvida na mesma ECA-USP, entre os anos de 1988 e 1992. O ponto de partida do estudo é uma reflexão acerca do papel do som no cinema, inquietação esta que tem sempre acompanhado minha prática como técnico de som em filmes, principalmente como editor de som. Ou seja, de alguém responsável por associar determinados sons a determinadas imagens, num ponto determinado, direcionando (ou não) a leitura de um filme. Além deste fato mais pessoal, a pesquisa apresenta oportunidade singular e rara de

17

preencher uma grande lacuna em termos de literatura brasileira sobre o assunto.

A reflexão aqui proposta pode ser considerada como um passo inicial na tentativa de entender o papel do som no cinema. Tem início com o cinema enquanto conceito, visto como aparato, e busca entender uma possível presença do som no novo meio quando de seu advento e durante o período do cinema "mudo". Nesse período, a investigação destacará o interesse que existe nos filmes visando à expressão de ideias sonoras. Da mesma forma, procurará visualizar as articulações de linguagem usadas para a representação sonora, levando também em consideração o eventual acompanhamento musical que fazia parte das projeções daquele período. A reflexão avança até o início do cinema sonoro, quando a inserção do som nos filmes passa a acarretar mudanças na gramática cinematográfica.

Como objeto de suporte para esta análise, utilizo-me de trechos de dois filmes de um dos períodos mais frutíferos da história do cinema, o expressionismo alemão. *Metropolis* e *M, o Vampiro de Düsseldorf* contribuem para mostrar toda eloquência de um cineasta que trabalhou o elemento visual no seu limite, Fritz Lang.

No momento em que este livro é publicado, desenvolve-se o que seria a continuação deste trabalho. Retomando a presente pesquisa, a tese de Doutorado (junto à ECA-USP) retoma a discussão em torno do papel do som no cinema, ampliando-a até uma década repleta de inovações tecnológicas, como foi a década de 1990.

INTRODUÇÃO

O presente livro trabalha sobre duas linhas-mestras, procurando estabelecer uma inter-relação entre elas. Primeiramente, o papel do som dentro de um filme, investigando o som desde o surgimento do cinema. Por conseguinte, analisa sua presença no que seria o conceito do aparato cinema até o advento propriamente do cinema sonoro, em fins da década de 20. Ao fazê-lo, permite também a obtenção de um entendimento sobre suas implicações gramaticais desde então. O outro aspecto abordado, tão importante quanto o primeiro e a ele ligado intrinsecamente, refere-se a uma aplicação prática desses conceitos de som dentro do filme (o que também pode significar um ponto de partida para o desenvolvimento teórico): trata-se do período que ficou conhecido como "cinema expressionista alemão" dos anos 20, aqui visto através de dois filmes de Fritz Lang, *Metropolis* (1925-1926) e *M, o Vampiro de Düsseldorf* (1931). Estes dois filmes pertencem a períodos aparentemente distintos da história do cinema, um do período "mudo", outro do início do período sonoro. Porém, vistos sob outro aspecto, estes dois filmes marcam uma transição:

passa-se de um cinema que já se pretendia sonoro para outro momento, em que o som, enquanto recurso físico e gramatical, torna-se realidade, encontrando seu espaço dentro do cinema.

Dessa forma, a proposta deste livro é trabalhar com esses dois temas principais de modo a relacioná-los, visto que o processo de influência entre eles é convergente. Trata-se de dois temas que se inter-relacionam e se modificam continuamente, além de se tratar, na verdade, de um processo que leva o cinema de um momento a outro (do "mudo" ao sonoro). Para tanto, a proposta de metodologia é intercalar duas frentes básicas de estudo: o desenvolvimento do "cinema expressionista alemão", entendido em seu contexto histórico e seu processo de evolução; e o estudo das teorias de cinema em sua relação com o som, desde o momento em que é citado ou compreendido nos primórdios do cinema, até o advento do som propriamente dito, proporcionando uma série de estudos e considerações. Em suma, o que se pretende é caminhar paralelamente entre o contexto histórico – analisando influências artísticas e o progresso do movimento ao qual Lang se integra –, e o desenvolvimento de uma teoria a respeito do som no cinema. Tal proposição nos remete, consequentemente, a algo que pode parecer paradoxal: a investigação do som no cinema "mudo" que, por outro lado, e de maneira paralela, remete-nos à discussão da presença do som no cinema desde sua origem, enquanto aparato.

O tema aqui colocado, além de trazer em seu bojo uma mistura de inquietações, gosto pessoal e exercício da profissão, surge num momento de avanços tecnológicos no cinema que envolvem diretamente o som. No trabalho com som para cinema, deparamo-nos com um universo vasto, com recursos de linguagem variados e com uma ampla gama de possibilidades técnicas. Principalmente a partir dos anos 70, estendendo-se até os dias de hoje, verifica-se um incessante processo de desenvolvimento tecnológico do cinema, dentro do qual o áudio é um dos principais ramos que tem observado maior progresso. Dia após dia, acostumamo-nos com termos como Dolby Stereo, DTS, SDDS, Dolby Digital e até mesmo THX[1]. O espectador, deparando-se

---

1. Sistemas de reprodução sonora desenvolvidos inicialmente para filmes e salas de cinema, atualmente ampliados para equipamentos domésticos, visando obter uma reprodução plena dos sons de um filme, na totalidade das frequências previstas pelos realizadores.

com uma crescente valorização da imagem e do som no cinema, pode equipar-se com a tecnologia sofisticada de *home theater*, a qual é oferecida aos consumidores sob o pretexto de que possibilitaria que a mesma sensação do cinema poderia estar à disposição no seu lar. Busca-se cada vez mais uma resposta sonora ideal, equiparando-se a resposta acústica dentro de uma sala de cinema à resposta auditiva humana. Ou seja, se nosso ouvido registra frequências de 20 a 20.000Hz, o mesmo deve ser reproduzido numa sala de cinema ou no conforto do lar[2]. Tal busca vem acrescida de avanços e melhorias, uma vez que o cinema, por exemplo, enfatiza certas gamas de frequências, como as baixas frequências valorizadas pelo *subwoofer*[3], de grande efeito quando em filmes de ação e aventura. Fala-se inclusive, no meio cinematográfico, de uma segunda grande revolução que estaríamos vivenciando dentro da história do cinema: depois do advento do som, agora é a vez da revolução tecnológica[4], que estaria modificando a própria linguagem cinematográfica.

É exatamente aqui que começa a desenvolver-se o tema central do estudo constante deste livro. O cinema nasceu "mudo"[5], dispunha somente de um acompanhamento externo ao filme,

---

2. Em sistemas mais recentes, como o Dolby Digital, fala-se em termos de 3 Hz. Neste caso, embora o ouvido humano só reconheça frequências de até 20 Hz, frequências inferiores – como 3 Hz –, provocam apenas uma sensação, ou seja, não são distinguidas mas seriam de alguma forma sentidas. Como dizem alguns especialistas, frequências próximas ao limite da audição humana atiçam os pelos de nossos ouvidos.

3. O *subwoofer* é caraterizado por caixas situadas abaixo da tela, com a finalidade de reproduzir frequências inferiores a 120 Hz, ou seja, frequências baixas. O efeito da acentuação de tal gama de frequências é notado claramente em filmes de aventura e ação, à medida que é enfatizada uma vibração que envolve a sala de cinema e acaba por envolver também o espectador, provocando um efeito até psicológico, às vezes subliminar.

4. A referência à revolução tecnológica corresponde ao advento do computador e de sofisticados recursos eletrônicos na realização cinematográfica. No caso da edição, tal presença é constatada pelo recurso cada vez mais frequente à digitalização de sons e imagens, abandonando a antiga "moviola". As mudanças características dessa "revolução tecnológica" encontram-se em todas áreas da realização, como fotografia, som, computação gráfica, animação, visando acelerar o processo de produção e sofisticar o resultado final.

5. O termo "mudo", já mencionado anteriormente entre aspas, é aqui colocado no sentido dos filmes na época não reproduzirem fisicamente o som, não apresentando um banda sonora impressa na cópia do filme

em geral de caráter musical. Neste ponto surge a inquietação: como conceber (se é possível) a presença ou sugestão sonora no cinema "mudo"? Estaria o som previamente concebido dentro do conceito cinema? E se estava, como lhe seria inerente? Como poderíamos estabelecer esta ligação? Ao analisarmos a história do cinema "mudo", não é raro, quando nos deparamos com determinados filmes, sairmos com a impressão de termos assistido a um filme com grande sonoridade, um filme que, embora fosse "mudo", sugeriu vários sons. Isto se explicaria pelo fato de, ao desenvolver uma gramática própria, o cinema "mudo" teria desenvolvido mecanismos para compensar a ausência do som.

Cabe então, neste contexto, a tentativa de entender quais seriam esses mecanismos e se isso seria intencional ou não. E, no caso de um efeito proposital, qual sua função dentro de um filme? Até que ponto o cinema "mudo" teria trabalhado o som em sua linguagem? Por outro lado, ao analisar o período do cinema "mudo", é também importante analisar como eram as projeções da época. É sabido que os filmes, apesar de "mudos", dificilmente eram projetados sem algum tipo de acompanhamento musical (orquestra, piano, cantores). No entanto, qual a relação desse acompanhamento com o filme? Sua escritura era feita em função do filme? Trata-se de um fator importante a ser ressaltado, embora muitos dos filmes "mudos" a que assistimos hoje não venham acompanhados de sua trilha musical original e, mesmo nesse caso, ocorre-nos a mesma sensação de "sonoridade".

No final da década de 1920, o cinema recebeu o advento do som e ocorreu a primeira grande mudança na história do cinema. Além das mudanças inerentes à indústria cinematográfica – reproduzidas em filmes como *Cantando na Chuva* –, uma nova retórica e novas possibilidades dramáticas passam a se desenvolver. Após um primeiro momento de entusiasmo pela disponibilidade do som – com filmes que se preocupavam mais em demonstrar a existência do novo recurso, os *talking films* –, passa a ocorrer um uso mais consciente do som, de forma dramática, atrelado à narrativa. As formas de utilização

---

e, consequentemente, não existindo caixas acústicas para tal finalidade nas salas de cinema.

ampliaram-se ao longo dos anos, caracterizando aquilo que hoje dispomos, através de uma ampla variedade de possibilidades e significados.

No fundo, trata-se de buscar, através dessa investigação, algo mais inerente ao próprio aparato cinema. Independentemente de modificações e avanços tecnológicos recentes, o presente livro procura entender as modificações e possibilidades gramaticais trazidas pelo som, ou mesmo presentes no cinema desde sua invenção. Com relação aos progressos tecnológicos em torno do som, convém assinalar que um estudo mais completo sobre eventuais modificações gramaticais dele oriundas é tema para outra pesquisa, mais ampla, merecedora de realização. De certa forma, a literatura fílmica sobre o assunto trata sobretudo dessas possibilidades, que são infinitas. No presente caso, trata-se de investigar o papel do som, independentemente desses avanços.

Quanto à escolha de Fritz Lang, deveu-se ela a vários motivos. Primeiro, por ser um cineasta que participou dos dois instantes da história do cinema, com filmes de destaque em ambas as fases. Austríaco de nascimento, filho de arquiteto e ele mesmo aprendiz de arquiteto, além de artista plástico, era possuidor de apurado senso visual e estético. Oriundo de um dos períodos mais frutíferos da história do cinema, que ficou conhecido como "expressionismo alemão dos anos de 1920", Lang lamentava ser uma pessoa extremamente visual. Dizia perceber os fatos mais pelas imagens do que pelos outros sentidos. Mas é o mesmo Lang quem vai realizar um dos primeiros filmes exemplares em termos de uso dramático do som no cinema, na época em que o sonoro apenas engatinhava: *M, o Vampiro de Düsseldorf*, de 1931. Assim, tal escolha, mais do que um gosto pessoal, é uma tentativa de remeter a análise a um período da história do cinema "mudo" de extremo desenvolvimento dos recursos visuais. Na "fábrica do fim do mundo", como ficaram conhecidos os estúdios da UFA e arredores, encontramos exemplos variados de desenvolvimento e utilização de trucagens, uso criativo de intertítulos, cenários os mais variados, maquiagem e construções cênicas elaboradas. A escolha desse período apresenta um desafio à pesquisa, por ser justamente um período de alto desenvolvimento imagético, de atenção extrema ao pictórico. Rico em imagens, com atores tarimbados e diretores até hoje influenciadores de gerações, o período do "expressionismo alemão" proporciona uma variedade de recursos expressivos visualmente, que necessitam ser manipulados para uma expressão sonora.

Muito influenciado pelo teatro da época, em especial pelas peças de Max Reinhardt, Lang é um dos grandes entusiastas das inovações técnicas, além de assimilar a efervescência cultural do período. O filme para análise dessa fase do cinema "mudo" é *Metropolis*, de 1925-1926, uma das maiores produções do período, no qual encontramos momentos que nos parecem ser úteis para ilustrar o estudo da sonoridade no cinema "mudo". Acresce que, por se situar num período próximo ao advento do som, além de datar do auge do período "expressionista" alemão, ele pode simbolizar exemplarmente a transição do período "mudo" para o sonoro.

1. REFLEXÃO TEÓRICA SOBRE O SOM NO CINEMA "MUDO"

Primórdios / Primeiras Projeções

Uma vez que a pesquisa visa estudar o papel do som no cinema, cabe iniciar pela investigação dos primórdios do cinema de modo geral, analisando a existência de um pensamento acerca do som no cinema enquanto aparato, num momento em que este não dispõe da possibilidade física de reprodução do som. Pelo menos não como a conhecemos classicamente, associado à imagem na cópia que é entregue para projeção.

Como dito anteriormente, o cinema nasce "mudo". Tomando-se essa expressão num sentido primeiro, mais fundamental e direto, deve-se considerar que, desde a primeira projeção atribuída aos irmãos Lumière, não havia nenhum acompanhamento sonoro ou musical às imagens projetadas. Anatol Rosenfeld faz referência a uma das primeiras modalidades de acompanhamento à projeção que se fizeram necessárias:

Geralmente, o "diretor" acompanhava a projeção dos filmes com os seus comentários, explicando ao público, ao se ver um cachorro, que se tratava de um cão, e ao se ver um trem, que se tratava de um "comboio ferroviário". Não se projetavam ainda textos e o comentário era indispensável. Um piano mecânico cobria o ruído desagradável do projetor primitivo, ainda não isolado num compartimento especial. Este período pioneiro estendeu-se, na Europa, de 1896 até mais ou menos 1906-1907, embora já em 1900 se contassem dois cinemas fixos na Alemanha e um na América do Norte (Los Angeles), ao passo que os novaiorquinos só em 1905 podiam gabar-se de possuir um cinema que não fosse ambulante[1].

Tal procedimento lembra a figura do comentarista ou apresentador, marcado pelos *benshis* (ou *benjis*) no Japão, presentes igualmente no Ocidente nos primórdios do cinema[2]. Lembrando-se que no caso dos *benshis* havia também uma preocupação cultural na assimilação do produto vindo do exterior.

Em pouco tempo, no entanto, as projeções passaram a ter um acompanhamento sonoro, ou musical que fosse, improvisado por músicos ou mesmo atores, à frente ou atrás da tela, procurando contribuir para um maior dinamismo da exibição e um maior entusiasmo do público. Desde as feiras onde os filmes começaram a ser projetados até as primeiras projeções em salas específicas, encontramos na história do cinema alguns registros de tais procedimentos, englobando improvisos e encenações, alguns com certo grau de elaboração. A maior parte, entretanto, não era elaborada juntamente com o filme, tanto mais se pensarmos que os filmes na época tinham vida curta, ficando poucos dias em cartaz. Além do mais, no início os filmes eram inclusive muito curtos, pouco se assemelhando ao que viria depois e que se consolidou como cinema. Por outro lado, não se tratava de algum artifício que,

1. Anatol Rosenfeld, "Ensaios Históricos: A Pré-História do Cinema", em *Cinema: Arte & Indústria*, p. 68.
2. Uma explicação sucinta sobre o papel desses apresentadores pode ser encontrada no livro de Roy Armes, *On Video*, mais especificamente no capítulo "Tipos de Relação Som-Imagem".

na maior parte dos casos, interferisse ou chamasse a atenção mais do que a própria película projetada, objeto principal de interesse. Desde o começo, o objetivo do acompanhamento musical sempre foi o de "melhorar" o filme, de aperfeiçoá-lo. Como anunciavam as produções da época, "o filme será acompanhado de sons impressionantes, assustadores ou às vezes suaves, emprestados pelos Mestres em domínio público e sutilmente disfarçados como do próprio compositor"[3].

Outro objetivo da música na época dos filmes "mudos" era abafar o barulho do projetor, evitando que a atenção do espectador fosse desviada pelo barulho metálico da grifa. Como nova atração, a preocupação dos exibidores era agradar o espectador, sem que este tivesse motivo de distração que não o filme. Anatol Rosenfeld relata com detalhes esse primeiro momento de acompanhamento sonoro:

Realmente, o ruído do projetor se afigurava não só desagradável e perturbador, mas acentuava, de modo drástico, o desumano e mecânico do espetáculo, criando assim uma sensação de extremo desconforto e mal-estar. O ruído mecânico do projetor ressaltava o efeito fantasmagórico da imagem de duas dimensões, a agitação de sombras irreais na tela que imitavam a vida de seres humanos, tridimensionais. A agitação de espectros imitando seres vivos numa tela – tal fenômeno não podia deixar de chocar e mesmo de aterrorizar a audiência. Segundo Hanns Eissler, a música, pela magia que lhe é própria, conseguiu exorcizar a angústia dos espectadores, ajudando-os a amortecer o choque que sentiam ao se depararem com sombras em movimento. E essa angústia foi ainda aumentada pelo fato de a assistência, ao observar as máscaras gesticulantes, identificar-se com essas criaturas, sentindo-se ameaçada pela mesma terrível mudez que tornava aquelas sombras tão grotescas e horrorizantes. [...]

Mas a música não só exorcizava a angústia dos espectadores, ela também proporcionava aos espectros a vida que lhes parecia faltar. (É preciso pensar nas primeiras produções, em que os personagens se agitavam como bonecos desajeitados). Ela munia-os da terceira dimensão, dava-lhes fundo e plástica, humanizava-os e transmitia-lhes o sopro divino, a alma de que careciam.

Não admira, portanto, que os proprietários de cinema logo de início recorressem a pianistas ou pequenos conjuntos orquestrais, seja pelos motivos expostos, instintivamente notados, seja para distrair a

---

3. Vernon Duke, citado em Gary Marmorstein, "Introduction", em *Hollywood Rhapsody: Movie Music and its Makers, 1900 to 1975*, p. 01. Tradução minha.

atenção do público das imperfeições das primeiras películas. Tais pianistas e orquestras, recrutados entre os músicos de cafés, restaurantes e hotéis, costumavam tocar quaisquer peças do tipo "música de salão", sem nenhum nexo com o enredo, a atmosfera, o ritmo, a montagem e o sentido do filme. Uma cena de alta dramaticidade podia ser perfeitamente acompanhada de uma melodia alegre e uma cena hilariante por uma marcha fúnebre – e isso naturalmente sem intenção irônica, como mais tarde foi feito –, mas por simples coincidência. Nos intervalos acústicos, quando a orquestra se retirava para descansar ou tomar um chope, entrava em função um pianista de certo nome, e tal uso contribuiu para um ligeiro progresso no terreno da música cinematográfica. Pois a orquestra, conjunto pouco flexível e de diminuta capacidade de improvisação, necessariamente tocava peças de antemão escolhidas, sem conhecimento do filme, ao passo que o pianista podia permitir-se variações e improvisações segundo as sequências das cenas que se desenrolavam na tela e que alguns artistas audazes do teclado muito cedo tentavam acompanhar com improvisações adequadas, orientando-se pelo próprio desenrolar do filme e das cenas projetadas. Com efeito, foram esses solistas que pela primeira vez procuraram "criar atmosfera" através da sua música[4].

A partir desta experiência inicial, desenvolve-se uma relação cada vez mais próxima entre música e imagem. O mencionado fato de se obter efeitos contrários com a associação entre certas músicas e certos filmes exige que se tenha um cuidado maior na apresentação. Como bem descreve Anatol Rosenfeld, um progresso passa a acontecer, chegando-se a uma relação mais apropriada. Valoriza-se a aproximação da música com o tema do filme. O mais importante a ser salientado, mesmo naquela época, passa a ser a relação desse acompanhamento com o filme. Com isso, uma nova dinâmica passa a se estabelecer, como a prenunciar um novo entendimento das imagens desfilando diante dos olhos dos espectadores. Aos poucos uma pequena indústria começava a estruturar-se em torno da música nas salas de exibição.

Próximo à virada do século, os cinemas se tornaram o tipo de diversão que eram os *vaudevilles*; o próximo passo era usar a máquina do *vaudeville*. Uma banda de bar ou um piano de cabaré podiam produzir sons surpreendentes para a plateia espectadora. Os ritmos de batidas e rangidos da casa burlesca tornaram-se o elemento principal do filme cômico.

4. Anatol Rosenfeld, "Ensaios Históricos: O Filme Sonoro", *op. cit.*, pp. 123-124.

Depois que os filmes cresceram e se mudaram para pequenos teatros, um número crescente dessas salas foram equipadas com instrumentos de teclados. [...] Os acompanhantes de filmes, geralmente pianistas com jeito para improvisação e centenas de acordes à disposição, tenderam a se ligar aos cinemas para os quais trabalhavam, como o projecionista ou o distribuidor[5].

Quanto aos procedimentos, acrescenta Anatol Rosenfeld:

Esse procedimento [improvisação total] foi em seguida adotado pelas orquestras, embora de uma maneira um tanto estranha. O dirigente aguardava o início da película e depois de verificar o teor das primeiras cenas, projetadas em completo silêncio, dizia aos seus músicos o título da peça a ser tocada (ou o número combinado), escolhendo naturalmente alguma peça do "estoque" de músicas em poder do conjunto. No decorrer do filme, o dirigente, seguindo o seu desenrolar, costumava interromper várias vezes a execução para escolher outras peças, mais adequadas às cenas, e nesses intervalos o pianista entrava em função, improvisando sequências mais ou menos adaptadas para preencher o intervalo em consequência da transição entre uma e outra peça.

Numa fase já mais adiantada, dava-se ao dirigente uma noção geral do filme, com o objetivo de facilitar-lhe o preparo duma adaptação prévia do seu programa musical ao enredo e ao teor geral da película. Com isso se realizavam as primeiras tentativas de uma real "sincronização" entre a obra visual e o acompanhamento acústico. Os editores de música começavam a interessar-se por este novo campo de atividades, empregando compositores que se especializaram na criação de uma música de fundo estandardizada, capaz de ser convenientemente adaptada às cenas de terror, angústia, espera, transbordamento sentimental, amor, paixão violenta, ciúme, irritação, paisagem serena, paisagem de tempestade etc. Por volta de 1920 já havia um "estoque" completo de músicas de fundo destinadas a acentuar o conteúdo emocional, a dramaticidade ou a comicidade das mais diversas obras cinematográficas[6].

À medida que surge uma produção mais elaborada, constituída de filmes de longa duração e com encenação e elaboração maiores, encontramos também uma crescente sofisticação nos acompanhamentos musicais. Alguns filmes apresentam partituras compostas especificamente para eles, como é o caso de *Metropolis*, de Fritz Lang, assinada por Gottfried Huppertz.

5. Hugo Marmorstein, *op. cit.*, p. 08.
6. Anatol Rosenfeld, "Ensaios Históricos: O Filme Sonoro", *op. cit.*, pp.125-126.

DIE GESTALTEN DES FILMS:
JOH FREDERSEN .... ALFRED ABEL
FREDER, JOH FREDERSENS SOHN .... GUSTAV FRÖHLICH
ROTWANG, DER ERFINDER .... RUDOLF KLEIN-ROGGE
DER SCHMALE .... FRITZ RASP
JOSAPHAT .... THEODOR LOOS
11811 .... ERWIN BISWANGER

GROT, DER WÄCHTER DER HERZMASCHINE ....
.... HEINRICH GEORGE
DER SCHÖPFERISCHE MENSCH
DER MASCHINEN-MENSCH
DER TOD
DIE SIEBEN TODSÜNDEN
MARIA .... BRIGITTE HELM

Partitura do Tema de Metropolis, *escrita por Gottfried Huppertz. Traz a frase do filme: "O mediador entre o cérebro e as mãos deve ser o coração". Coincide com a subida dos créditos acima.*

Um dos cineastas que talvez mais se tenha preocupado com a utilização/anexação de uma trilha musical para seus filmes foi David W. Griffith. Desde seu filme de 1913, *Judith of Bethulia*, Griffith havia preparado indicações de músicas a serem utilizadas pelos exibidores do filme. Sua maior dedicação, porém, foi certamente para *Nascimento de uma Nação*, em 1914.

Para agregar uma trilha ao seu filme, então conhecido como *The Clansman*, Griffith contratou Carlos Densmore Elinor, de 24 anos, um "encaixador" de música com habilidades para compilar miscelâneas de clássicos. [...] Juntos, Griffith e Elinor fizeram uma obra de retalhos que era eficaz o suficiente para excitar as duas primeiras exibições[7].

---

7. Hugo Marmorstein, *op. cit.*, p. 10.

Com o filme já intitulado *Nascimento de uma Nação*, Griffith queria ainda mais mudanças, dentre as quais uma trilha moderna, a ser tocada por uma orquestra completa. Para tanto, chamou Joseph Carl Breil. Segundo vários relatos, o resultado foi notável, haja vista a relação com o filme e com os tempos da ação. Outro detalhe muito destacado foi a preocupação em existir uma fidelidade em termos de precisão histórica com os estilos existentes na época da Guerra Civil Americana.

No geral, Breil e Griffith exploraram as canções mais populares da América para invocar um sentido de lar, patriotismo e de nação dividida. Há muito mais *ooh-pah-poings* nas cenas de batalha do que seria aceitável nas trilhas de hoje; por outro lado, a música serve às mesmas funções de mexer com o coração. Algumas das primeiras músicas de perseguição no cinema são usadas sobre uma sequência de soldados negros da União invadindo uma cidade no sul da Califórnia, saqueando e atirando indiscriminadamente. A música tem o estilo de desenho animado e é odiável, mas marca os tempos tão brilhantemente que não se pode tirar os olhos da tela. [...] Griffith conhecia os efeitos musicais que queria – mesmo que eles fossem óbvios bem como discutíveis[8].

De maneira geral, entretanto, pelo que se tem conhecimento da época, a maior parte dos filmes obteve um acompanhamento improvisado nas salas nas quais eram projetados. As razões vão desde custos até a dificuldade em garantir que a partitura seria executada conforme planejada. Mesmo os grandes diretores tinham a preocupação de que o filme falasse por si próprio, sem depender da trilha. O fato é que isso ocorreu, visto que ainda hoje muitos filmes, ao serem assistidos e apreciados sem seu acompanhamento musical "original", ainda preservam suas qualidades e características que os mantiveram interessantes ao longo do tempo.

Dessa forma, o trabalho dos compositores dos filmes continuou a ser realizado através de processos menos sofisticados: partituras, orquestra ao vivo e regente. Seis ou sete anos antes do som ser colocado concretamente no celuloide, o regente ainda reinava. Por que se preocupar em pagar uma trilha original de um Herbert ou um Schertzinger, se isso não garantia bilheteria? De qualquer forma, dizia-se que as plateias sentiam-se mais confortáveis com seleções musicais familiares. Em 1921, o regente George Beynon escreveu: "A eficácia da trilha original ainda não

8. *Idem*, p. 12.

mostrou transcender aquela das outras trilhas. Não importa quão inteligente seja o compositor, certamente há uma mesmice monótona em seus motivos que retratam as várias emoções do filme". [...] O piano solo ou o órgão permaneceram o instrumento de primordial acompanhamento[9].

É mencionado também o problema do sincronismo, em específico quando se fala da trilha de George Antheil para o curta-metragem *Balé Mecânico*, de Dudley Murphy.

Assim, tendo em vista o aspecto histórico e objetivo, é interessante rever esse período do cinema "mudo" e os filmes então produzidos sob um ponto de vista conceitual, mais elaborado. Tal estratégia nos permitirá iniciar a incursão na inerência do som ao cinema desde sua época "muda".

Primeiras Reflexões Teóricas

Passemos para uma análise mais teórica da questão. Fazia o som parte do cinema desde sua gestação, desde sua origem? Se tomarmos aquela que é tida como a primeira projeção pública, *A Chegada do Trem*, dos irmãos Lumière, encontraremos ali elementos que são inerentes a uma reflexão sobre som e música. Um trem a vapor em movimento, vindo em direção à câmera, traz em si movimento e, embutida, a noção de ritmo. Os elementos visuais, plásticos, o movimento em direção à plateia, são ali acrescidos (sob um aspecto memorial) da lembrança do som do trem, do ritmo de suas rodas, com o intuito de provocar a sensação até então inédita da iminência da colisão.

Ao pesquisar as teorias desenvolvidas em relação ao cinema na época do cinema "mudo", encontramos em Hugo Munsterberg uma reflexão que vai ao encontro dessa ideia, plantando sementes para uma reflexão posterior, maior, sobre o potencial sonoro do cinema. Vale primeiramente dizer que muitos dos estudos iniciais (senão a maioria) centram-se na imagem, no entendimento de seu estatuto, comparando-a com a imagem fotográfica e com a tradição da pintura. Quanto à ausência do som, eventuais menções à limitação do novo

9. *Idem*, p. 17.

meio restringem-se à lamentação, sem aprofundamento, voltada mais para o entendimento das características do cinema. O curioso no caso de Munsterberg é que, além de encontrarmos em seu texto elementos para o exame de um papel destinado ao som, ele vivencia o nascimento do cinema e tece sua reflexão sobre a época "muda" do cinema, tendo porém morrido antes de presenciar o advento do cinema sonoro. Tal como muitos teóricos da época, Munsterberg preocupa-se em desvendar o aparato cinema: como se procede seu funcionamento, como opera a percepção da mente humana. Retomando nossa reflexão inicial sobre *A Chegada do Trem*, Munsterberg trabalha sobre a psicologia da forma. Para ele, o ponto de partida na operação do aparato cinema seria o elemento externo. O restante do processo completar-se-ia na mente. Logo, o cinema vale-se, no seu modo de entender, da percepção, da memória e do raciocínio. Estabelece-se um "jogo" entre aparato e espectador: o cinema sugestiona, sugere a realidade, usando para tanto recursos hábeis e, num primeiro momento, recursos específicos como a montagem e o *close-up* (num sentido que podemos entender como decupagem). Cumpre ao cinema sugerir, lançar elementos. Para que o processo se complete, cumpre ao espectador realizar a sua parte. "O melhor vem de dentro", como ele diz: o raciocínio e a memória participam ativamente no sentido de concretizar a significação. E, por consequência, o cinema deve operar utilizando todos os seus recursos (com grande ênfase para o *close-up*), trabalhando a atenção involuntária e atiçando a atenção voluntária do espectador:

A mera percepção das pessoas e do fundo, da profundidade e do movimento, fornece apenas o material de base. A cena que desperta o interesse certamente transcende a simples impressão de objetos distantes e em movimento. Devemos acompanhar as cenas que vemos com a cabeça cheia de ideias. Elas devem ter significado, receber subsídios da imaginação, despertar vestígios de experiências anteriores, mobilizar sentimentos e emoções, atiçar a sugestionabilidade, gerar ideias e pensamentos, aliar-se mentalmente à continuidade da trama e conduzir permanentemente a atenção para um elemento importante e essencial – a ação. Uma infinidade desses processos interiores deve ir ao encontro do mundo das impressões. [...] A atenção é, de todas as funções internas que criam o significado do mundo exterior, a mais fundamental. Selecionando o que é significativo e relevante, fazemos com que o caos das impressões que nos cercam se organize em um verdadeiro cosmos de experiências. [...] Tudo se regula pela atenção e pela desatenção. Tudo o que entra no foco da atenção se destaca e irradia significado no desenrolar dos acontecimentos. Na vida, distingue-se entre atenção voluntária e atenção involuntária. [...] Tudo o que é barulhento, brilhante e insólito atrai a atenção involuntária. Automaticamente, a mente se volta para o local da explosão, lemos os anúncios luminosos que piscam. [...] Finalmente, a disposição formal das imagens sucessivas pode controlar a atenção; mais uma vez, as possibilidades são superiores às do palco dramático, que é fixo. [...] Com muita habilidade e apuro, pode-se fazer da composição um valioso recurso a serviço da atenção. O espectador não pode nem deve se aperceber que as linhas de fundo, o revestimento das paredes, as curvas dos móveis, os galhos das árvores, as formas das montanhas ajudam a destacar o vulto feminino que deve chamar sua atenção. A iluminação, as zonas escuras, a indefinição ou a nitidez dos contornos, a imobilidade de uma parte da imagem em oposição ao movimento frenético de outras, tudo isso aciona o teclado mental e assegura o efeito desejado sobre a atenção involuntária[10].

Se retomarmos a preocupação dos exibidores, na época do cinema "mudo", de utilizar música para não distrair o espectador com o ruído do projetor, encontraremos de imediato um emprego prático da questão da atenção no cinema. Porém, como nosso estudo tem como objetivo analisar a possibilidade de representar o som através das imagens, algo que está mais relacionado à estrutura do filme, voltamos a Munsterberg, para indicar a maneira como, mais adiante, ao elaborar o seu raciocínio a partir de uma comparação com o teatro, ele complementa, com relação ao papel da memória e da imaginação:

As pessoas e as coisas vêm do exterior para o interior e o movimento da atenção faz o caminho inverso. Mas a atenção, como vimos, nada acrescenta de fato às impressões que nos chegam do palco: algumas se tornam mais nítidas e claras, outras se turvam ou se dissolvem, mas nada penetra na consciência unicamente através da atenção. [...] Entretanto, a experiência do espectador que está na plateia na verdade não se limita às meras sensações luminosas e sonoras [falando inicialmente sobre teatro] que lhe chegam até os olhos e ouvidos naquele momento: ele pode estar inteiramente fascinado pela ação que se desenrola no palco e mesmo assim ter a cabeça cheia de outras ideias. A memória, sem ser a menos

---

10. Hugo Munsterberg, "A Atenção", em Ismail Xavier (org.), *A Experiência do Cinema: Antologia*, pp. 29-33.

importante, é apenas uma fonte dessas ideias. [...] Partindo do exemplo mais trivial, a cada momento precisamos lembrar o que aconteceu nas cenas anteriores. O primeiro ato já não está mais no palco quando assistimos ao segundo; o segundo, apenas, é agora responsável pela impressão sensorial. Não obstante, o segundo ato, por si só, nada significa: ele depende do apoio do primeiro. É portanto necessário que o primeiro ato permaneça na consciência: pelo menos nas cenas importantes, devemos lembrar as situações do ato anterior capazes de elucidar os novos acontecimentos. [...] O teatro não tem outro recurso senão sugerir à memória tal retrospecto. O teatro não pode ir além. O cinema pode. Para o moderno artista da imagem, esse artifício técnico tem múltiplas utilizações. No jargão cinematográfico, qualquer volta a uma cena passada é chamada de *cutback*. O *cutback* admite inúmeras variáveis e pode servir a muitos propósitos. Neste sentido, o *cutback* apresenta um certo paralelismo com o *close-up*: neste identificamos o ato mental de prestar atenção, naquele, o ato mental de lembrar[11].

Na sua análise de início de século, Munsterberg não analisa o papel do som por motivos óbvios, fazendo referência somente ao uso da música e considerando também o uso da palavra, por meio do intertítulo. Sua preocupação claramente é destrinchar o funcionamento do aparato cinema, usando o teatro como suporte, como comparação. Mas o curioso é que, em cima do raciocínio de Munsterberg, justamente ao procurar desvendar esse funcionamento do aparato cinema, encontramos elementos para vislumbrar um uso dramático do som, visando a um papel a ser desempenhado. Ora, se o cinema trabalha tão eficazmente a atenção voluntária e involuntária, o som é uma ferramenta com grande potencial no trabalho de direcionamento da atenção. Reiterando o que Munsterberg diz, "Tudo o que é barulhento, brilhante e insólito atrai a atenção involuntária. Automaticamente, a mente se volta para o local da explosão, lemos os anúncios luminosos que piscam".

O som, nesse caso, acentuaria o papel desempenhado pelo *close-up* e pela montagem/decupagem (entendidos como elementos poderosos e específicos do cinema), podendo atuar em conjunto. Mais adiante, o mesmo raciocínio pode ser aplicado quando se trata do papel da memória. Imagens altamente sugestivas do ponto de vista sonoro (as "explosões" citadas, os *close-ups* de um objeto ou instrumento musical) remetem, segundo esse raciocínio, à sonoridade que lhes seria peculiar.

11. *Idem*, "A Memória e a Imaginação", *op. cit.*, pp. 36-37.

Movimentos e ritmos lembrariam ritmos e sons que naturalmente proporcionam ou sugerem o nosso cotidiano. Refletindo mais amplamente em termos de uma estrutura mais complexa de roteiro, da mesma forma que uma imagem inicialmente apresentada, ao ser posteriormente reproduzida, retoma uma associação feita no começo da ação, ideia semelhante pode ser estendida ao som: um som inicialmente associado a uma imagem pode vir a possibilitar novas associações mais adiante no filme. Neste ponto, abrimos um parênteses para, preliminarmente, lembrar o caso de *M, o Vampiro*, com relação ao próprio personagem do assassino, que adiante analisaremos com mais detalhes.

Para concluir, mesmo que a ampliação do estudo de Munsterberg signifique ir muito além daquilo que poderia ser teorizado na época, é importante ressaltar a validade dos elementos operantes no cinema examinados por um teórico que vivencia o cinema "mudo". Quando da discussão acerca do advento do som no cinema, encontraremos o mesmo debate, que nos possibilitará retomar o raciocínio de Munsterberg.

A Percepção e Merleau-Ponty

Já de forma mais desenvolvida, Merleau-Ponty escrutina a questão da percepção no cinema, partindo de um estudo mais completo segundo a psicologia clássica. De início, coloca como a percepção opera, estabelecendo elementos que podemos encontrar nos trechos vistos anteriormente em Munsterberg.

Naturalmente, a psicologia clássica sabia das relações existentes entre as partes diversas de meu campo visual, assim como entre os dados de meus diferentes sentidos. Mas, para ela, essa unidade era construída; relacionava-a à inteligência e à memória. Digo que vejo homens passando na rua – escrevia Descartes num trecho célebre de *Méditations* – mas, na realidade, que vejo exatamente? Vejo apenas chapéus e capas que poderiam igualmente cobrir as bonecas que só se movem por molas. Se digo que vejo homens é porque captei, "através de um exame da inteligência, aquilo que acreditava ver com meus olhos". Fico persuadido de que os objetos continuam a existir quando não mais os vejo, como, por exemplo, quando estão atrás de mim. Mas, consoante o pensamento clássico, esses objetos invisíveis somente subsistem para mim porque minha consciência os mantém presentes. Mesmo os objetos diante de mim não são propriamente vistos, mas apenas visualizados[12].

Merleau-Ponty expande o raciocínio da percepção segundo a psicologia clássica para a construção de sentido na pintura e para o próprio funcionamento do cinema, no que se refere à percepção do movimento. O que parece ser fundamental é o entendimento de uma organização que se estabelece (ou que se cria), dando sentido à razão:

Se, sob uma iluminação variável, reconhecemos um objeto definido por propriedades constantes, não é porque a inteligência leve em conta a natureza da luz incidente e daí deduza a cor real do objeto; é porque a luz dominante do meio, agindo como *iluminação*, confere imediatamente ao objeto sua verdadeira cor. Se olharmos para dois pratos desigualmente iluminados, eles nos parecem igualmente brancos e desigualmente iluminados, enquanto o facho de luz, vindo da janela, figurar dentro de nosso campo visual. Se, pelo contrário, observamos os mesmos pratos através de um orifício, de outro lado do local onde estão, um deles, imediatamente, nos parecerá cinza, enquanto o outro permanecerá branco, e apesar de *sabermos* que não passa de um efeito de iluminação, nenhuma análise intelectual das aparências nos fará enxergar a verdadeira cor dos dois pratos. A permanência das cores e dos objetos não é então construída pela inteligência e, sim, captada pelo olhar, na medida em que este abarca ou adota a organização do campo visual. [...] Os objetos e a iluminação formam um sistema que tende para determinada constância e certo nível de estabilidade, não por causa de uma operação intelectual, mas devido à própria configuração do campo. Quando percebo, não imagino o mundo: ele se organiza diante de mim[13].

Como se nota, para a psicologia clássica o mundo vivido pelo homem não é valorizado, valendo mais o mundo que a inteligência consegue construir. Mesmo assim, a noção de percepção torna-se importante – mesmo no caso de imaginar um elo com o cinema, ao se estabelecer uma ideia de construção de sentido de acordo com os objetos/elementos constitutivos (do que poderia ser um enquadramento no cinema). Relacionando essa ideia com o exposto por Munsterberg, encontramos um

12. Maurice Merleau-Ponty, "O Cinema e a nova Psicologia", em Ismail Xavier (org.), *op. cit.*, pp. 105-106.

13. *Idem*, p. 107.

vínculo com a noção de decupagem/*close-up* e com a construção de uma nova realidade operada pelo cinema.

O estudo de Merleau-Ponty amplia-se com a nova psicologia e a inserção do homem num mundo complexo, inserção esta que implica uma nova observação do mundo e a valorização das experiências vividas. Disto pode-se chegar ao exposto por Munsterberg sobre o papel da memória. Merleau-Ponty resgata a famosa experiência de Lev Kulechov e, a partir dela, destrincha os elementos componentes da realização fílmica, estudando seu papel na percepção/construção de sentido.

O sentido de uma imagem depende, então, daquelas que a precedem no correr do filme e a sucessão delas cria uma nova realidade, não equivalente à simples adição dos elementos empregados. Roger Leenhardt acrescentava, num excelente artigo (*Esprit*, 1936) que era ainda necessário fazer intervir a duração de cada imagem: uma duração breve convinha ao sorriso animado, média, ao rosto indiferente, e, longa, à expressão dolorosa. Disso, ele extraía esta definição de ritmo cinematográfico: "uma determinada ordem de tomadas e, para cada uma dessas tomadas ou 'planos', uma duração tal, que o todo produza a impressão desejada com máximo de efeito". [...] Como há, além da seleção de tomadas (ou planos) – a partir de sua ordenação e de sua duração, que constituem a montagem – uma seleção de cenas ou sequências, segundo sua ordenação e sua duração, que consiste na decupagem, o filme emerge como uma forma altamente complexa, em cujo interior, ações e reações extremamente numerosas atuam a cada momento[14].

Encontramos na exposição anterior elementos comuns ao sugerido por Munsterberg e desenvolvidos de forma mais detalhada por Merleau-Ponty. A construção fílmica, no sentido de decupagem e montagem, associa-se à memória na (des)construção de um sentido, e o esmiuçamento deste processo de percepção torna-se fundamental para a realização cinematográfica. Também como decorrência do fato de escrever posteriormente ao período a que se liga Munsterberg, Merleau-Ponty analisa o papel do som neste processo, trabalhando elementos apenas sugeridos anteriormente:

O que acabamos de dizer a respeito da fita visual, aplica-se também à sonora – não somente uma adição de palavras ou de ruídos, mas também uma forma. Existe um ritmo de som, assim como o da imagem. [...] Não

14. *Idem*, p. 111.

se consistindo o filme visual na mera fotografia em movimento de uma peça teatral, e como a escolha e o agrupamento das imagens constituem, para o cinema, um meio de expressão original, de idêntica maneira, o som, no cinema, não é simples reprodução fonográfica de ruídos e de palavras, porém comporta uma determinada organização interna que o criador do filme deve inventar. O verdadeiro antepassado do som cinematográfico não é o fonógrafo, mas, sim, a montagem radiofônica[15].

Chegamos até aqui a ideias que vislumbram um caminho para o entendimento do som no cinema, desde seu advento, no próprio cinema enquanto aparato. Encontrando no conceito cinema elementos comuns ao som, podemos entender que o som tenha um papel a desempenhar dentro do filme, seja via memória, seja via construção de sentido, bastando desenvolver formas de construção que o incorporem. Cabe agora entender como construir essa imagem.

A Construção da Imagem no Cinema "Mudo"

Retomando a ideia de uma música ilustrativa ou mesmo programada, mas da qual o filme não depende na época do cinema "mudo", bem como a ideia de decupagem associada ao direcionamento da atenção, encontramos já a possibilidade concreta de uma "participação" sonora no cinema.

Outro aspecto fundamental a ser aqui acrescentado é a noção de retrato de uma realidade, estabelecendo como elemento comum o desenvolvimento no tempo e no espaço (o jogo de uma dimensão interior, relativa, e uma dimensão absoluta, externa). Exercício constante e obrigatório da realização fílmica, o trabalho com a questão de tempo e de espaço é inevitável ao pensarmos numa reprodução do som por meio da imagem. Da mesma forma, é de se supor que o som intensificará esse exercício ao se mostrar presente.

O simples fato de encontrarmos vários teóricos mencionando a limitação do novo meio quando do advento do cinema, a restrição ao intertítulo/palavra falada, aponta-nos a sugestão de que algo intrínseco estava faltando, mas que

15. *Idem*, p. 112.

39

lhe poderia estar embutido. Gilles Deleuze abre caminho para pensarmos num componente sonoro, já no cinema "mudo", ao contrapô-lo à imagem no cinema "mudo" e, depois, no cinema sonoro. Inicialmente, citando outros autores:

> Repetidas vezes foi marcada a ruptura do cinema falado com o cinema mudo, e assinaladas as resistências que ela suscitou. Mas também, com o mesmo rigor, se mostrou como o cinema mudo pedia o falado, já o implicava: o cinema mudo não era mudo, apenas "silencioso", como diz Mitry, ou apenas "surdo", como diz Michel Chion. Parecia que o cinema falado perdia a língua universal e a onipotência da montagem; o que parecia ganhar, segundo Mitry, era uma continuidade na passagem de um lugar a outro, de um momento a outro[16].

De um ponto de vista mais prático, vamos encontrar em Eisenstein uma teorização mais sistemática sobre como transportar elementos para o cinema, o que inclui a forma de embutir nas imagens também o componente sonoro. Da mesma forma que Munsterberg, Eisenstein procura analisar a construção de uma representação e a transmissão de uma determinada ideia, bem como o processo de desconstrução por parte do espectador, ampliando o raciocínio teórico para um momento mais primordial do cinema. Ao mesmo tempo, Eisenstein apoia-se, tal qual Munsterberg, no papel da montagem dentro de um filme. Partindo do conceito de que a junção de dois pedaços de filme resulta não em uma simples soma mas em um produto, ou seja, a formação de um novo conceito, Eisenstein reconhece que tal fato não se restringe ao cinema. Na vida diária, por exemplo, as pessoas estão habituadas a fazer quase que automaticamente generalizações dedutivas e óbvias quando dois objetos são colocados lado a lado, processo que por vezes sofre interferência de convenções estabelecidas e solidificadas. Abrindo um parêntesis, lembramo-nos aqui da ideia de Munsterberg sobre o papel da memória e da imaginação, da "cabeça cheia de ideias", fundamental para complementação do significado. Assim sendo, o princípio de montagem, em ambas esferas, fundamenta-se em grande parte na tendência em se reduzir dois ou mais elementos ou qualidades independentes a uma unidade. Cada aspecto ou detalhe de

---

16. Gilles Deleuze, *A Imagem-Tempo: Cinema II*, p. 267.

um fotograma, no cinema, passa a ser pensado em função do significado que possa vir a ter no todo. A partir disso, surge a isotopia, ou seja, quanto mais variáveis reiterarem um dado conceito, mais garantias ter-se-á de sua existência.

E como ocorre o processo de (des)construção junto ao espectador? Segundo Jean Mitry[17], é possível ordenar as percepções do espectador e entender os meios de expressão. O cinema pode ordenar as percepções do espectador, possibilitando não só que sua imaginação funcione mas também que um pensamento seja transmitido. Dentro de um filme, constrói-se uma nova realidade, um novo mundo. Começa a surgir aqui uma diferenciação entre a esfera da vida e a da arte. Para Eisenstein, através de um processo de condensação, as representações formam uma imagem. Assim, ao pensarmos em, por exemplo, "cinco horas", automaticamente lembraremos de uma série de figuras/representações do que ocorre às cinco horas. A imagem de "cinco horas" é composta de todas essas figuras individuais. Há uma tendência natural do ser humano em reduzir essa cadeia de representações a um mínimo, de modo que só o início e o fim do processo são percebidos. Contudo, há casos em que é necessário estabelecer as conexões entre as representações e a imagem correspondente, estabelecer a cadeia de representações. Segundo Eisenstein, tal processo de condensação é composto por duas etapas básicas:

a) construção da imagem;
b) resultado desta construção e significação para a memória.

O que se procura aqui é a consolidação dos vários elementos em uma imagem única, a "verdadeira memorização", assim passando rapidamente pelo processo e chegando rapidamente à segunda etapa (significado), que é aquela de fato enfatizada. Mas então vem a questão central: como se dá esse processo na arte?

---

17. Jean Mitry, "Le mot et l'image", em *Esthétique et Psychologie du Cinéma*, livre I: Les Structures, pp. 65-104.

Esta é a prática na vida, em contraste com a prática na arte. Porque, quando entramos na esfera da arte, descobrimos um acentuado deslocamento da ênfase. Na verdade, para conseguir seu resultado, uma obra de arte dirige toda a sutileza de seus métodos para o *processo*. Uma obra de arte, entendida dinamicamente, é apenas este processo de organizar imagens no sentimento e na mente do espectador. É isto que constitui a peculiaridade de uma obra de arte realmente vital e a distingue da inanimada, na qual o espectador recebe o resultado consumado de um determinado processo de criação, em vez de ser absorvido no processo à medida que este se verifica[18].

Desse modo, o processo mencionado anteriormente em relação à vida diferencia-se do processo em relação à arte, uma vez que a verdadeira obra de arte apresentaria para o espectador o processo tal como ele ocorre. A construção de uma cadeia de representações ocorre diante do espectador. Como exemplo, Eisenstein cita a atuação de um ator, que não deve representar resultados prontos de sentimentos ou emoções acabadas, mas deve fazer com que as emoções surjam, desenvolvam-se e tomem vida diante do espectador. Alain Masson, também analisando o poder dos gestos e da mímica, estuda a variação de recursos disponíveis, desde os gestos exagerados até os contidos, possíveis desde que integrados ao conjunto, estabelecendo um processo de descoberta em conjunto com o espectador:

Autor de imagens ou fonte de gestos, o cineasta ou o mímico não se contentam em ilustrar. Eles querem que o espectador descubra um continente novo, indissociável[19].

O mesmo é exemplificado em termos da transposição de uma obra literária para o cinema. E é justamente na transposição de obras literárias que encontramos o autor deparando-se com a necessidade de como sugerir o elemento sonoro tal qual indicado no texto. Como nos diz Anatol Rosenfeld, "cada arte tem os seus próprios recursos; não se cria uma obra de

18. Sergei Eisenstein, "Palavra e Imagem", em *O Sentido do Filme*, p. 20 (grifo no original).
19. Alain Masson, *L'Image et la parole: l'avènement du cinéma parlant*, Paris, La Différence, 1989, p. 24. Tradução minha.

arte maior pela adição dos recursos de várias artes"[20]. Nesse momento, o recurso às características específicas do cinema (como montagem e decupagem) e ao trabalho esmerado na composição do fotograma (ainda uma forma de montagem) são vistos com maior atenção. Mencionamos anteriormente o exemplo da indicação de "cinco horas". Em outro exemplo, Eisenstein recorre a Maupassant (ou seja, um exemplo literário), num caso semelhante, possibilitando-nos pensar acerca da tradução sonora para o cinema "mudo", inclusa na imagem:

Isto também pode ser ilustrado por um exemplo – desta vez de *Bel Ami*, de Maupassant. O exemplo tem uma importância adicional por ser sonoro. E ainda mais porque, sendo em sua natureza pura montagem, através do método corretamente escolhido para sua solução ele é apresentado na história como uma narrativa de acontecimentos reais. É a cena em que George Duroy (que agora assina Du Roy) está esperando no fiacre por Suzanne, que concordou em fugir com ele à meia-noite. Aqui, doze horas da noite só é a hora cronométrica num grau mínimo, e é, num grau máximo, a hora na qual tudo (ou, de qualquer modo, muito) está em jogo ("Acabou-se. Deu tudo errado. Ele não virá".). [...] Neste exemplo, vemos que, quando Maupassant quis gravar na consciência e nas sensações dos leitores a qualidade *emocional* da meia-noite, não se limitou a mencionar que primeiro bateu a meia-noite e depois uma hora. Ele nos obrigou a experimentar a sensação de meia-noite, fazendo com que as doze horas batessem em vários lugares e em vários relógios. Combinados em nossa percepção, estes grupos individuais de doze badaladas se transformam numa sensação geral de meia-noite. *As representações separadas se transformaram em uma imagem*. Isto foi inteiramente por meio da montagem. O exemplo de Maupassant pode servir de modelo para o mais requintado estilo de roteiro de montagem, onde o som das "doze horas" é denotado por meio de uma série completa de planos "de diferentes ângulos de câmera": "distante", "mais perto", "muito longe". Este badalar dos relógios, registrado a várias distâncias, é como a filmagem de um objeto a partir de diferentes posições da câmera e repetida numa série de três diferentes enquadramentos: "plano geral", "plano médio", "plano de conjunto".

20. Anatol Rosenfeld, *Na Cinelândia Paulistana*, p. 151. No mesmo livro encontram-se observações importantes de Anatol Rosenfeld sobre adaptações fílmicas de livros e peças de teatro, como *Henrique V* (1944), de Laurence Olivier, *Uma Rua Chamada Pecado* (1952), de Charles K. Feldman, e *A Morte do Caixeiro Viajante* (1953), de Stanley Kramer. A respeito de adaptação literária para o cinema, *cf.* também Luiz Adelmo Manzano, *Estudo da Adaptação de uma Obra Literária para o Cinema: A Hora da Estrela* (mimeo), pesquisa realizada com Bolsa de Iniciação Científica junto à Fundação de Amparo à Pesquisa do Estado de São Paulo (FAPESP).

Porém, a badalada real ou, mais corretamente, a batida variada dos relógios de modo algum é escolhida por sua virtude como um detalhe naturalista de Paris à noite. O efeito primário destas batidas conflitantes de relógios em Maupassant é a ênfase insistente na imagem emocional da "meia-noite" fatal, não a mera informação: "zero hora"[21].

No exemplo citado, Eisenstein disseca a forma mais adequada para que o mesmo processo de montagem realizado no texto literário possa ser útil na transposição para o cinema. Nesse caso específico, o objeto central de transposição é extremamente sonoro: trata-se de um relógio, e suas batidas proporcionam um efeito emocional fundamental dentro da história. Desse modo, percebendo o poder dos enquadramentos (variando do plano mais aberto até o mais fechado) e as possibilidades de montagem, de organização de seu material, Eisenstein vislumbra maneiras de obter, no filme, a mesma expressividade obtida no texto[22].

Construindo gradativamente a emoção (sinônimo de obra de arte, segundo ele), começa a surgir aqui uma preocupação muito forte e acentuada – a qual notaremos principalmente em Lang – com a plasticidade, com os elementos em quadro. Tudo passa a ter um significado, logo é necessário cuidar de cada elemento dentro do fotograma. No caso específico do som, começa-se a perceber também que, trabalhando-se movimento e ritmo – elementos básicos da montagem em si –, pode-se obter uma expressão equivalente sem que o som seja ouvido de fato. É como se o raciocínio que até então se desenvolvia em relação à música, improvisada ou programada, mas sem interferência significante no filme, fosse ampliada e se começasse a perceber a possibilidade de representar o som dentro do filme, como parte dele.

Em outro trecho, Eisenstein analisa um poema de Pushkin e procura a mesma equivalência numa montagem fílmica, novamente sendo obrigado a considerar elementos sonoros:

21. Sergei Eisenstein, *op. cit.*, pp. 21-22 (grifos no original).
22. A esse respeito, faço referência ao texto "Le Génie du Muet: La mort invisible", de Alain Masson (*op. cit.*, p. 70), no qual o autor analisa a maneira como o ato da morte é representado comumente no cinema "mudo", sempre simbolicamente, geralmente sugerido, e não direta e objetivamente.

A validade da escolha de um método realista para criar e obter uma qualidade emocional pode ser confirmada por vários exemplos muito curiosos. Eis, por exemplo, outra cena de *Poltava*, de Pushkin, na qual o poeta faz com que a imagem de uma fuga noturna surja magnificamente diante do leitor com todas as suas possibilidades pictóricas e emocionais.

Mas ninguém sabia como ou quando
Ela sumira. Um pescador solitário
Ouviu naquela noite o galope dos cavalos,
Vozes de cossacos e o sussurro de uma mulher...

Três planos:
1. Galope de cavalos
2. Vozes de cossacos
3. O sussurro de uma mulher

Novamente três representações objetivamente expressadas (sonoras!) se juntam numa imagem unificadora expressada emocionalmente, diferente da percepção de fenômenos isolados percebidos desvinculados de sua associação um com o outro. O método é usado apenas com o objetivo de suscitar a necessária experiência emocional no leitor. Apenas a experiência emocional, porque a informação de que Marya desaparecera fora dada no verso anterior [Ela sumira. Um pescador solitário]. Tendo contado ao leitor que ela desaparecera, o autor quis dar-lhe a sensação também. Para consegui-la, usa a montagem. Com três detalhes selecionados entre todos os elementos da fuga, sua imagem de fuga noturna surge na forma de montagem, comunicando a experiência da ação aos sentidos. [...] Assim, Pushkin usa a montagem para criar as imagens de uma obra de arte. Mas também usa a montagem com igual habilidade quando cria a imagem de um personagem, ou de todo um *dramatis personae*. Com uma combinação superlativa de vários aspectos (isto é, "ângulos de câmera") e de diferentes elementos (isto é, a montagem de coisas representadas pictoricamente, destacadas pelo enquadramento do plano), Pushkin obtém espantoso realismo em suas descrições. É na verdade o homem, completo em seus sentimentos, que emerge das páginas dos poemas de Pushkin[23].

É no trabalho de encontrar equivalências de ritmos, tons e movimento que Eisenstein desenvolve um processo pos-sível de transporte de um meio para outro (montagem vertical). E, retomando nosso raciocínio do início, uma vez que os mesmos elementos inerentes ao som são trabalhados, atinge-se um leque de possibilidades de como atingir tal

23. Sergei Eisenstein, *op. cit.*, pp. 34-35.

resultado dentro de imagens elaboradas e correlacionadas. O cinema "mudo" desenvolve, assim, uma gramática própria, repleta de recursos que procuram suprir a ausência física do som. A composição imagética torna-se mais complexa, assim como a articulação de imagens, justapostas pela montagem, procura criar novos sentidos. Além do cuidado com o enquadramento e do potencial da imagem, não podemos esquecer também os recursos advindos com as técnicas de animação. Um dos exemplos de representação sonora com auxílio da animação é *A Mulher na Lua* (1929), de Fritz Lang: numa determinada cena, dentro de uma caverna, um chamado adquire a forma de letras percorrendo a caverna de um ponto a outro, aumentando de tamanho à medida que se aproxima de nosso ponto de vista e diminuindo quando se afasta de nós, até alcançar os ouvidos do outro personagem no fundo do quadro. O tamanho da letra, variando de grande para pequeno, indica o volume com que se ouve a fala. Sua posição em quadro indica o percurso seguido pelo chamado, até chegar ao personagem.

*Principais Práticas de Representação
Sonora no Cinema "Mudo"*

Aos poucos encontramos tentativas de sistematização de mecanismos para representação do som no cinema "mudo". Além de Eisenstein, que se empenha em obter recursos equivalentes aos existentes no teatro ou na literatura, numa transposição para o cinema, encontramos em Michel Chion uma reflexão no sentido de entender como a representação sonora era feita pelo cinema "mudo". Partindo da ideia da associação (muitas vezes inconsciente) de sons a objetos, Chion atenta para a estranheza que essa não presença do som provocava. Estamos habituados a essa correspondência entre imagens/objetos e sons específicos. Assim, a primeira providência é tentar associar o movimento sonoro a um movimento visual, buscando sua correspondência. A etapa seguinte é justamente aquilo que citamos anteriormente, ou seja, trata-se de uma equivalência das ideias de Munsterberg para com o cinema "mudo":

O cinema mudo estabeleceu alguns procedimentos para *exprimir* os sons: o mais corrente era mostrar em plano próximo a imagem de sua fonte – sino, animal, instrumento de música – como um *insert* voltando periodicamente. Em *A Greve*, de Eisenstein, uma sequência de revolta operária é estruturada através da repetição constante de um plano próximo de uma *sirene de usina* em ação. Este retorno do *insert* tem, na verdade, dupla função: ele lembra que o som está sempre lá (porque o problema é fazer sentir sua continuidade sobre toda a cena, e não somente nas imagens em que sua origem é visível, donde o uso, em certos filmes, da superimpressão) e, por outro lado, a imagem dessa fonte torna-se um *refrão visual* que vai conferir sua unidade a esta sequência muito caótica e barulhenta, dando-lhe um centro.

Um outro procedimento – ao qual o cinema falado, mais tarde, renderia homenagem de tempos em tempos (*Rendez-vous à Bray* de Delvaux, *Solaris* de Tarkovski, *O Silêncio* de Bergman)* – consistia em mostrar objetos que se põem a vibrar. É o velho efeito do lustre que treme ou da garrafa que se move, que Fritz Lang cita, como um adeus ao mudo, na abertura de seu segundo filme falado, *O Testamento do Dr. Mabuse*, 1932 (as garrafas que tremem sobre uma mesa, enquanto nós ouvimos um enorme ruído de pompa).

Esses efeitos de evocação sonora poderiam parecer provir de uma retórica do visual perdida: isso não impede que eles tivessem uma formidável força dramática, sem contar sua utilização como princípios formais. Não obstante, mais frequentemente não incomodava tanto ter que "lembrar" os ruídos da ação, os sons das águas e os passos e vozes dos atores, assim como as portas que eles abriam e fechavam. O espectador não esquecia esses ruídos por completo, porque da mesma forma que ele sonhava e escutava em si a voz dos atores, ele sonhava e escutava em si todos os sonhos que o filme podia sugerir (uma ruidagem realizada diretamente não permitia essa sugestão, o que por vezes acontecia; tinha-se, então, uma tradução intermitente e convencional). Havia associações automáticas de percepção que não se faziam tão facilmente: o cinema mudo dispensava, portanto, uma variedade de sons subentendidos[24].

Michel Chion, além de confirmar a maneira mais convencional de representar o som através de imagens – a associação montagem/decupagem e *close-up*, oriunda de Munsterberg –, amplia nossa reflexão ao relacionar tal prática com a estrutura do filme e com aspecto temporal. Citando o exemplo de *A Greve*, de Eisenstein, Chion menciona uma segunda função

---

* Vale ressaltar, no caso de *Solaris*, de Tarkovski, o trabalho de diferentes maneiras com o elemento água, tanto imagética quanto sonoramente, além de utilizar como objeto de vibração um lustre de cristal.

24. Michel Chion, *Le Son au Cinéma*, pp. 25-27. Tradução minha.

do *insert* do sino, o que certamente interfere na estruturação da cena: a recorrência ao *insert*, que reforça a continuidade sonora, mas que também prolonga a ação; logo, retarda seu tempo interno, estabelecendo uma unidade espacial nesse caso específico. Assim, elementos que, mais tarde, com o advento do sonoro, farão parte de um conjunto com o qual obrigatoriamente se trabalha, desde então – no cinema "mudo" – mostram-se presentes, reforçando a interpenetração entre os dois períodos da história do cinema.

Outro elemento importante a considerar é a questão dos sons que possuem uma "representação" mais imediata, de fácil assimilação, como o som de passos, de água, de portas. Tais elementos ou objetos apresentam uma correspondência sonora mais imediata, não fazendo tanta falta ao espectador. Daí a função do *close-up* como acentuação dramática, como determinação de importância daquele elemento, daquele som. O que vemos é uma prévia daquilo que iria advir com o cinema sonoro: a necessidade de o som participar dramaticamente da ação, acentuando a importância de determinados elementos em detrimento de outros.

Ainda que bem mais simplificadamente, encontramos ainda em Marcel Martin uma sistematização no sentido de pesquisar quais os recursos do cinema "mudo" para representar o som. Procurando dissecar quais seriam esses recursos para representar a ideia de som, compensando a limitação física, Martin parte do seguinte princípio: "O som faz parte, sem dúvida, da essência do cinema, por ser, como a imagem, um fenômeno que se desenvolve no tempo[25]". Citando Eisenstein, Martin procura nas origens do cinema, ou seja, no cinema "mudo", a presença do som, relacionando métodos utilizados para sua representação:

Eisenstein escreveu: "O som não foi introduzido no cinema mudo: saiu dele. Surgiu da necessidade que levou nosso cinema mudo a ultrapassar os limites da pura expressão plástica". Para André Bazin, "o filme mudo constituía um universo *privado* de som, donde múltiplos simbolismos destinados a compensar essa deficiência". Os diretores achavam-se diante de um duplo problema:

25. Marcel Martin, *A Linguagem Cinematográfica*, p. 111.

– representar visualmente a percepção de um som por um personagem. Ao lado do procedimento que consiste em mostrar um indivíduo
espichando a orelha e em seguida fazer ver a fonte do ruído, existe um
outro menos rudimentar, a superposição, que, por sua própria natureza,
representa uma espécie de *compenetração perceptiva*; [...]

– tornar sensível o som enquanto tal. Não devemos esquecer, certamente, que os filmes mudos comportavam um acompanhamento musical: quando a partitura de *Oh Suzanna!* aparecia na tela, o acompanhante
tocava a melodia no piano [...] Mas esta era uma solução de certo modo
fácil, e é claro que os filmes mudos, ao menos para os melhores diretores,
deveriam bastar-se em si mesmos. Em grande número deles, encontramos
tentativas de *visualização* dos sons, sobretudo através do primeiro plano.
Sendo o homem uma totalidade, evidentemente seus diversos órgãos
perceptivos estão ligados, e é bem difícil ver um canhão disparando sem
escutar *psiquicamente* a detonação. Ora, o primeiro plano, elevando ao
máximo, como vimos, a atenção e a tensão mental do espectador, favo-
rece essa *osmose perceptiva*.

Por fim, eis um trecho do roteiro de Gance para seu *Napoléon* onde
percebemos nitidamente o desejo do diretor de tornar sensível o toque a
rebate que soava em Paris:

Quatro primeiros planos diferentes de sinos;
Quatro outros planos de sinos, maiores, muito rápidos;
Mais quatro planos de sinos, mais rápidos e maiores ainda;
Cem sinos em quatro segundos, misturados;

Amputada de uma dimensão essencial, a imagem muda precisava
fazer-se duplamente significativa. A montagem assumia então um papel
considerável na linguagem fílmica, pois era-se obrigado a intercalar constantemente no enredo planos *explicativos* destinados a fornecer ao espectador o motivo daquilo que seus olhos viam. Se, por exemplo, o diretor
desejava mostrar os operários deixando a fábrica no fim da jornada de
trabalho, via-se na obrigação de intercalar na cena um primeiro plano da
sirene da fábrica soltando vapor. [...] A imagem tinha então que assumir
sozinha uma pesada tarefa explicativa além de sua significação própria:
intercalação de planos ou montagem rápida destinadas a sugerir uma
impressão sonora[26].

Percebe-se uma metodologia cinematográfica equivalente
para representar o som, que se configura na montagem, entendida aqui desde a composição do quadro até a justaposição dos
planos. Tal composição apoia-se na preocupação crescente do
cinema "mudo" com a plasticidade, com a composição visual
e com o exercício de elementos que são inerentes à musica,

26. *Idem*, pp. 111-113 (grifos no original).

indo até o elemento sonoro: ritmo, movimento. Como discute Martin, a montagem rápida, por exemplo, está quase sempre relacionada à intenção do cinema "mudo" de transmitir uma impressão sonora. Mesmo que distinguindo-se de um efeito realista, a montagem rápida exprime com eficiência um caos sonoro que encontramos no dia-a-dia. É nesse sentido que podemos entender a maneira pela qual o cinema "mudo" desenvolve uma gramática própria, ampla, buscando uma expressão plena. E tal gramática, visível mesmo nos dias de hoje com a plena dominância do cinema sonoro, baseia-se num incessante desenvolvimento da imagem, numa preocupação com a extrema funcionalidade do elemento plástico. Perceberemos a importância desse desenvolvimento principalmente quando nos depararmos, por exemplo, com *M, o Vampiro*, primeiro filme sonoro de um diretor formado no cinema "mudo". Ou mesmo quando lermos as considerações de Hitchcock sobre o papel do som no cinema e sua extrema preocupação visual, ele próprio também oriundo do cinema "mudo". Vale ressaltar novamente como a procura em representar o som e compensar a limitação do novo meio é buscada no trabalho das imagens com o auxílio dos recursos próprios ao cinema, leia-se montagem. A música, embora presente, era considerada uma solução fácil; como bem nos diz Martin, os bons filmes "mudos" bastavam-se por si sós, sendo prova disso seu valor e suas qualidades até os dias de hoje.

Os mesmos elementos são encontrados na análise realizada por Alain Masson quanto aos procedimentos utilizados pelo cinema "mudo", dos quais muitos visando compensar a ausência física do som, na tentativa de registrar uma sugestão sonora. Em seu estudo, entram música (acompanhamento), intertítulos, montagem (também estudada ao nível da decupagem) chegando até o roteiro. Masson ressalta a importância do equilíbrio dos elementos, que devem ser trabalhados harmoniosamente, remetendo sempre a uma ideia comum (o que nos remete à ideia de montagem).

O filme dispõe de vários modos que lhe permitem diferir a identificação das coisas e das pessoas.

Primeiramente os intertítulos. Eles precedem quase sempre aos eventos; raramente são equivocados. Mas a nitidez do anúncio muda a ilustração em variação; sob pena de pleonasmo, na sequência que segue uma legenda, aquilo que não ilustra adquire a maior importância: a nuance indecisa, não a execução do programa.

Pensemos também na música! Sua forma mais crua consistia numa sequência de temas, geralmente conhecidos, correspondendo cada um a um momento e dividindo a obra numa série de partes duráveis e homogêneas, caracterizadas, mas misteriosas. Um ar de alegria deveria preceder o bem-estar.

Além disso, a arte cinematográfica pode retardar a ação. Pela montagem. [...] É necessário, enfim, que a inteligência da sequência tenha a ver com o todo. É a organização harmoniosa das expressões quem governa seu valor emocional[27].

Alain Masson aprofunda sua análise perguntando-se o que é que "ouvem" os personagens do cinema "mudo". Aborda o uso de textos, palavras, por meio de planos destinados à leitura, e chega aos enquadramentos de objetos eminentemente sonoros:

O que ouvem os personagens do filme mudo? Em geral, a audibilidade é determinada somente pelas necessidades do roteiro. Uma obra ruidosa como *A Pista de 98* o mostra ainda: a conversa entre os apaixonados não acorda o pai adormecido. É que o som não tem mais substância. Ele é diretamente recebido como sentido. Significado sem significante direto. O sino de *Quatre fils* soa para anunciar o armistício e, tão logo, a mão em forma de viseira, a mãe olha, pois compreendeu tudo. Em outro, a imaterialidade do ruído se confirma no caractere não explícito da palavra: os diálogos do *Prince étudiant* (Lubitsch, 1927) se manifestam visualmente pela distância, a rigidez, as pressões, a pressa; rodeando o príncipe para lhe felicitar o sucesso no exame, os cortesãos separam seu professor e toda verbalização seria inútil, a eficiência das réplicas dependendo de seu mutismo.

A abstração do som justifica o abuso da comunicação gráfica. Mas os planos de letras grandes, os jornais, as placas, supõem uma classe particular de imagens, próxima aos intertítulos, já que a unidade de seu objeto, a autonomia de seu enquadramento, sua estabilidade os exclui da ilustração mutável. Extratos mais do que detalhes, legendas antes que quadros, essas notações possuem um caráter funcional. Elas contradizem o princípio que faz da imagem uma evocação substancial. [...] Mas há algo mais grave. Em suma, os planos textuais implicam uma divisão narrativa do mundo. Eles têm a unidade do evento e é assim que eles se impõem ao personagem: uma frase enunciada por escrito é quase sempre escutada, nesse universo onde as mudanças sonoras não reportadas

---

27. Alain Masson, *op. cit.*, pp. 52-53, 67.

são audíveis segundo a comodidade. Contrariamente ao intertítulo, que anuncia uma cena, o cartão que porta uma réplica segue sempre a imagem daquele que a pronunciou. Ele aparece portanto como uma precisão, partindo como uma etapa definitivamente marcada, o que contribui para inscrever o irreversível na sequência. [...] Relógios, canhões, clarões, os planos de notação sonora devem tudo à sua posição narrativa: eles respondem a um princípio, a uma visão atenta, eles seguem o encadeamento dos efeitos e das causas28.

Aqui reencontramos novamente as ideias de Munsterberg sobre atenção, montagem, ação e reação. Antes de continuarmos com a análise acerca do som no cinema, passemos agora a um primeiro entendimento do contexto do expressionismo, movimento que abarca as produções que são objeto de nossa análise.

28. *Idem*, pp. 108-109.

2. CONTEXTO HISTÓRICO DA PRODUÇÃO CINEMATOGRÁFICA ALEMÃ
(dos primórdios até 1931)

Contexto Histórico das Artes em Geral na Alemanha nos Anos de 1920

Para entendermos a riqueza que marcou a produção do cinema "expressionista" alemão, é necessário tomar como ponto de partida o contexto mais amplo da época, o qual certamente proporcionou uma inter-relação frutífera com o cinema, além do que forneceu para o cinema "expressionista" seus elementos marcantes, predominantemente visuais.

A Europa vivencia no início dos anos de 1920 um momento de singular fervor cultural. Refletindo influências de uma realidade marcada por um novo momento de estágio industrial, que se impõe sobre a estrutura social dos países de todo o mundo, bem como suas consequências, representadas principalmente pelos momentos vividos durante a

Primeira Guerra Mundial, os movimentos culturais de vanguarda desenvolvem-se refletindo uma nova visão de mundo, misturando conceitos de caos, horror e dilaceramento. O expressionismo tem como origem a Alemanha. Consiste num movimento de continuidade do romantismo do século XIX e reflete as mazelas de uma nova realidade caótica oriunda da derrota na Primeira Guerra, apresentando como configuração maior a República de Weimar. Tal como o expressionismo, outros movimentos artísticos também deixam suas marcas em áreas como artes plásticas, teatro, literatura e, naturalmente, na arte emergente, o cinema. É o caso, por exemplo, do surrealismo, do dadaísmo e do niilismo.

Berlim é o principal centro europeu a vivenciar com maior intensidade tal momento de fervor cultural, acompanhado de perto por um avanço nas áreas da ciência e tecnologia – como no caso da psicanálise. O vigor de tal período reflete-se no termo "os loucos anos 20", que marcaram a cidade de Berlim naquela época.

A imagem de Berlim é então a de uma cidade em que cultura e política estavam entrelaçadas e na qual, de longe, a cultura era o palco no qual a Alemanha triunfava. Nos dias de hoje, quando os anos 20 são evocados, não são os rufiões nazistas que são lembrados e sim os dramaturgos, pintores e romancistas politicamente conscientes. [...] A mistura de povos e culturas foi também uma qualidade evidente na Berlim de Brecht. A Berlim dos anos 20 era também a Berlim de Vladimir Novokov escrevendo seus romances russos entre os exilados russos "brancos" e de S. Y. Agnon escrevendo seus romances hebraicos apoiado pela vibrante comunidade judaica da época. E de Li Tai Pe, que dirigia o restaurante Tientsin na Kantstrasse 103b... Berlim nos anos 1920 era culturalmente a cidade mais heterogênea da Alemanha[1].

Com uma situação político-social-econômica ainda seriamente abalada pela derrota na Primeira Guerra, a República de Weimar procurava novas formas de manifestações culturais, novas alternativas artísticas, as quais na maioria das vezes começavam pelos cabarés, que atraíam milhares de pessoas interessadas em diversão.

1. Sander L. Gilman, "Introdução à Edição Bison Book", em Wolf von Eckardt & Sander L. Gilman, *A Berlim de Bertolt Brecht: Um Álbum dos Anos 20*, pp. xvi-xvii.

Os berlinenses chamavam suas delirantes fugas da realidade de *Amusang*. [...] A mais saudável *Amusang* do homem comum eram as excursões dominicais do verão aos lagos e bosques. [...] A maior parte da ação, porém, ocorria depois do anoitecer. Eugen Szatmari confessou em seu guia de 1927 que a vida noturna de Berlim desafiava qualquer descrição. Era por demais variada e excitante. [...] Falava-se do popular *Variété*, ou *shows de vaudeville* nos palácios de diversões, tais como o Wintergarten ou o Scala, que entretinham as multidões. [...] O que o *vaudeville* era para o sábado à noite proletário era a revista para a classe média. No Metropol, com 1.800 lugares, no Admirals-Palast, com 2.200, e no Grosses Schauspielhaus, o circo reconstruído de Max Reinhardt, com até 5.000 lugares, a revista dominava. Imitando as *Ziegfeld Follies*, as revistas apresentavam os melhores cômicos, moças nuas, brilhantes números de dança, moças nuas, fantasias imaginativas, moças nuas, moças nuas, moças nuas...[2]

O momento político-socioeconômico provocava mudanças também no estilo de vida da camada intelectual, a qual se mostrava inquieta e, ao mesmo tempo, reunia-se e manifestava-se constantemente não em escolas e universidades, mas sim em restaurantes e cafés. Não obstante, a mesma característica estendia-se a outras áreas culturais.

Em outros países podia-se esperar ver a elite intelectual atrás de escrivaninhas ou de um atril em sala de aula. Na Alemanha os intelectuais raramente exerciam cargos, ocupavam postos ou tinham títulos, o que significava que não valiam muita coisa entre seus conterrâneos. Os que tinham autoridade raramente eram intelectuais. Na Berlim dos anos 20, porém, parecia diferente. Os intelectuais ganharam algum destaque e um modo de mostrar que o haviam conseguido era ser visto no Romanische Café, comparável, na época, ao Café du Dôme em Paris e ao Café Central em Viena.

O desbotado mas esplêndido Romanische ficava em frente à Kaiser Wilhelm Gedächtniskirche. Estava cheio quase 24 horas por dia de pintores e *marchands*, escritores e editores, jornalistas e diretores, artistas e funcionários de rádio, músicos e regentes, atores e produtores, dançarinos e coreógrafos, psiquiatras e advogados de divórcios, boêmios de todos os tipos que pareciam perdidos, garotas de todas as idades, que esperavam ser descobertas, e muito ar viciado e fumaça de cigarro. [...]

Muito do que se falava acabou indo para a imprensa e para o rádio, desencadeando uma explosão de literatura nova: do Romanische saíram muitos romances que agora são considerados clássicos, muitas peças que ainda são encenadas, roteiros de cinema que ainda nos comovem, uma

2. *Idem*, "Depois do Trabalho", *op. cit.*, pp. 22-24.

infinidade de artigos numa infinidade de revistas (literárias e outras) de Berlim e resmas de *Feuilletons* (como os alemães chamam os artigos culturais e de crítica) que enchiam os jornais da cidade (que em 1930 totalizavam nada menos de 147).

No Romanische Café os artistas – entre eles George Grosz, Emil Orlik e Max Slevogt – tendiam a se reunir principalmente na sala menor, "a piscina". O pessoal literário preferia a sala maior, "o poço". Nela podiam ser encontrados Bert Brecht, Heinrich Mann, Billy Wilder, Joseph Roth, Carl Zuckmayer e visitantes do exterior como Thomas Wolfe ou Sinclair Lewis e sua esposa, Dorothy Thompson[3].

Também nas artes plásticas, a partir dos anos de 1910 vivencia-se em Berlim um momento de apogeu de um processo que se iniciou no século anterior. Começando especificamente em 1892, com uma exposição de pinturas de Edvard Munch na Noruega, uma série de manifestações artísticas propõe uma arte altamente crítica e engajada, espalhando-se por vários países da Europa e encontrando em Berlim um berço frutífero. Na Alemanha, Max Liebermann lidera a primeira "Secessão de Berlim". Da Itália vêm os futuristas, com um estilo crítico em torno da era da velocidade, a era tecnológica. A eles se somam os construtivistas russos e também W. Kandinsky. Tendo por base uma forte preocupação social, o movimento artístico do período logo daria outros frutos, como os grupos denominados "A Ponte" (*Die Brücke*), "O Cavaleiro Azul" (*Der blaue Reiter*) e a revista *Der Sturm*. Marcam presença também nesse período Egon Schiele e Gustav Klimt, cuja arte exerceu grande influência sobre o jovem Fritz Lang, que chega a fazer um célebre autorretrato ao estilo de Schiele.

A semente logo brotou. A arte alemã, carregada de expressão emocional com a preocupação social, juntou-se às grandes correntes da pintura europeia. [...] Graças a Max Liebermann e Herwarth Walden, estiveram as novas forças assim reunidas em Berlim muito antes da revolução. Com a fuga do *Kaiser*, mostraram-se ansiosas por assumir a direção, tendo a arte como arma contra a injustiça social, os valores burgueses e a arrogância militar, e visando a alcançar uma nova *Gesamtkultur*, uma nova totalidade de cultura e "unidade de arte e vida", a fim de realizar uma utópica mistura de socialismo, religião e idealismo[4].

3. *Idem*, "Intelectuais: Ovos Quentes, Sátira e Pressentimentos", *op. cit.*, pp. 41-42.

4. *Idem*, "Arte", *op. cit.*, pp. 62-65.

E, desta forma, chegamos também ao teatro, consagrado nos anos 20 por dois grandes nomes: Max Reinhardt e Erwin Piscator.

Em meados dos anos 20 tinha Berlim 32 teatros de verdade. Tinha Max Reinhardt, Leopold Jessner e Erwin Piscator – diretores com gosto por experiências, que consideravam o teatro não como simples entretenimento, nem mesmo apenas arte, mas como força essencial da vida humana. Em seu tempo, e talvez nesse século, o teatro de Berlim não teve rival em parte alguma do mundo. [...] Reinhardt foi o inovador de um realismo poético no palco. Ele era o mestre de produções gigantescas e um gênio das cenas de multidões. Sua filosofia ia além de fazer do teatro um lugar além de diversão criativa. [...] Erwin Piscator, talvez o mais ousado dos três grandes diretores de Berlim, foi influenciado por ainda outra das novas abordagens da arte: o construtivismo[5].

O Cinema Alemão dos Anos de 1910 e 1920

O teatro se nos afigura o melhor caminho para principiarmos a reflexão sobre o cinema alemão do início do século XX, tanto por sua influência estética (como notamos especialmente em Fritz Lang), como também por sua participação ativa, fornecendo diretores, atores e técnicos.

Da mesma forma que outras manifestações artísticas são marcadas pela "concentração" de artistas de diferentes origens, trazendo suas respectivas influências, o mesmo se dá no cinema. Neste caso, não apenas sob o ponto de vista artístico, mas também do ponto de vista comercial, tal fato também ocorre quando se percebe que o cinema pode ser um bom negócio.

A história do cinema alemão propriamente dita começa relativamente tarde. Até 1913-1914, sua história restringe-se a breves tomadas animadas do pioneiro Max Skaladanowsky, não tão cheias de vida como as já então realizadas pelos irmãos Lumière. Alguns experimentos também datam do início da primeira década do século XX, mas sem grande importância. Na realidade, a história do cinema alemão começa às vésperas

5. *Idem*, "Teatro – Poesia, Escadas e Moralidade Suspensa", *op. cit.*, pp. 79-82.

da Primeira Guerra Mundial, com algumas obras esparsas, tomando verdadeiro impulso somente após a Grande Guerra. Terá então o seu grande momento, que na verdade será breve, não indo muito além de 1925-1927.

De qualquer modo, no período pré-guerra e também durante o conflito, se materializariam algumas condições que haveriam de contribuir para o grande poder do cinema alemão após 1918. O interesse pelo cinema na Alemanha – em cujo mercado chegavam, até então, filmes de origem francesa, italiana e norte-americana, além das películas pornográficas – provocou a abertura gradativa de muitas salas de exibição e o surgimento de distribuidores alemães. Ainda que o cinema fosse "desprezado" pela sociedade, sendo as salas de cinema consideradas de má reputação, pessoas de diferentes origens eram atraídas para a novidade, fosse simplesmente para assistir às películas ou mesmo para uma possível produção.

Uma atração para jovens trabalhadores, vendedoras, desempregados, ociosos e párias sociais, as salas de cinema tinham má reputação. Elas proporcionavam um teto para o pobre, um refúgio para os namorados. Eventualmente, um intelectual louco entraria em uma[6].

Novos produtores alemães começam a surgir, como Oskar Messter, que estabelece um estúdio em Berlim, o qual se tornaria sede de numerosos produtores de baixo nível e questionável ética comercial. Outra característica fundamental do período é a atração que o cinema começa a exercer sobre profissionais de outras áreas, principalmente do teatro, influência que, neste caso, seria capital para o desenvolvimento do cinema "expressionista" alemão:

Muitas pessoas seduzidas pelo cinema nunca antes haviam assistido a espetáculos artísticos; outras foram atraídas do palco para a tela. Por volta de 1910, o teatro da cidade provincial de Hildesheim anunciou ter perdido cinquenta por cento do público que anteriormente frequentava os lugares mais baratos. Espetáculos de variedades e circos reclamaram de perdas semelhantes. [...] A elite dos diretores, atores e escritores teatrais começou a mostrar interesse pelo cinema depois de terem-no desprezado como uma mídia inferior. Sua mudança de opinião deve

6. Siegfried Kracauer, *De Caligari a Hitler – Uma História Psicológica do Cinema Alemão*, p. 28.

ser debitada, em parte, ao zelo missionário de Paul Davidson, o grande promotor dos primeiros filmes alemães, que, explorando o fascínio pela nova atriz de cinema dinamarquesa Asta Nielsen, proclamou enfaticamente o futuro artístico do cinema. Ele liderou a Projektion – A.G. Union, que rapidamente se tornou proprietária de salas de cinema e começou a produzir filmes mesmo antes da guerra. Para impulsionar o cinema, Davidson fez contato com Max Reinhardt, o principal produtor teatral de Berlim, e, em 1911-1912, participou da fundação de uma espécie de corporação destinada a regular as relações entre os produtores cinematográficos e os dramaturgos. [...] Jovens atores dos palcos berlinenses não rejeitavam o dinheiro extra dos estúdios. Diretores teatrais, por sua vez, se beneficiavam ao reduzirem os salários desses atores; além do mais, eles perceberam, não sem satisfação, que os teatros poderiam atrair espectadores de cinema, ansiosos por adotarem ao vivo seus favoritos da tela[7].

Percebe-se nesse momento o início do desenvolvimento da indústria cinematográfica alemã. Durante os quatro anos anteriores à guerra, grandes estúdios cinematográficos haviam sido construídos em Tempelhof e Neubabelsberg, nas proximidades de Berlim, estúdios estes que seriam a base da UFA (Universum Film Aktien Gesellschaft), os quais contavam com paredes removíveis, possibilitando a combinação de trabalho interno e externo.

A produção no período antecedente e durante a guerra, apesar de não resultar em grandes obras cinematográficas, teria importância fundamental para o posterior momento de destaque do cinema alemão. Essa produção consistia na adaptação de textos clássicos, comédias de costumes, melodramas e adaptações de peças teatrais, muitas vezes reproduzidas tal e qual encenadas no teatro. Nota-se claramente a efetiva influência do teatro na produção fílmica.

Tradicionalmente ligado aos caminhos do teatro, o pessoal dos palcos era incapaz de perceber diferentes leis da nova mídia. Seu comportamento em relação ao cinema era de condescendência. Ela foi bem recebida por ser um meio de se salientar a arte do ator e, em consequência, uma maravilhosa oportunidade de se popularizarem produções teatrais. O que a tela significava era, simplesmente, o palco novamente. No verão de 1910, a pantomima *Sumurum* de Reinhardt foi transformada num

7. *Idem*, pp. 28-30.

filme que aborreceu os espectadores e desperdiçou dois mil metros de fita com a exata reprodução da montagem teatral original[8].

A guerra viria a dar uma contribuição extra para o desenvolvimento da indústria cinematográfica alemã em termos de estruturação. Dominada pela invasão das produções estrangeiras, a indústria alemã não tinha condições de competir em igualdade de condições.

A produção doméstica era muito insignificante para competir com os filmes estrangeiros que enchiam as salas de cinema, que pareciam ter crescido com o único objetivo de absorverem o fluxo do exterior. Produções dos Pathé Frères e da Gaumont inundavam o mercado alemão. A dinamarquesa Nordisk chegou a quase arruinar a Projektion – A.G., de Davidson[9].

Com o início da guerra a situação muda completamente. As portas se fecham para as produções estrangeiras e a produção alemã vê-se diante de plenas condições de se desenvolver, além de já contar com um estruturado sistema de exibição.

Depois de as fronteiras terem sido fechadas, a Alemanha pertenceu aos produtores nacionais, que se viram diante da tarefa de satisfazer por sua própria conta toda a demanda interna. Esta era enorme. Além das salas de exibição regulares, numerosos cinemas militares, que proliferaram atrás das linhas de frente, solicitavam um suprimento permanente de filmes novos. Os realizadores cinematográficos se beneficiaram do fato de, pouco antes da guerra, enormes complexos de estúdios terem sido construídos. Ocorreu um *boom*, e novas companhias cinematográficas cresceram numa velocidade incrível. De acordo com uma pesquisa aparentemente confiável, o número destas companhias cresceu de 28, em 1913, para 245, em 1919. As salas de exibição também floresceram e se tornaram cada vez mais luxuosas. Foi um período de grandes dividendos. A classe média começou a prestar um pouco de atenção ao cinema[10].

De um momento para outro, o cinema alemão via-se autônomo, sem necessidade de concorrer com produtos estrangeiros.

8. *Idem*, p. 30.
9. *Idem*, p. 34.
10. *Idem*, pp. 34 e 35.

Anatol Rosenfeld nos ajuda a entender o processo:

Fato curioso é que a Alemanha, a maior derrotada da guerra, tornou-se neste período o único país europeu capaz de organizar uma indústria cinematográfica de certa envergadura. Ainda durante a maior parte da guerra, a Alemanha encontrava-se sob o franco domínio da empresa dinamarquesa Nordisk-Film-Kompagni, que aproveitava o vácuo deixado pela França organizando produção, distribuição e exibição no país vizinho, no qual se impunha também pela alta qualidade dos seus filmes. Uma reação por parte da Alemanha somente tornou-se possível quando o mundo bancário, induzido pelos êxitos americanos, começou a interessar-se pela nova indústria. Em 1917 foi fundada, com um capital de 25 milhões de marcos, a Universum-Film-Aktiengesellschaft (UFA), com o apoio de bancos, do Estado e do próprio Exército, instituições que reconheceram a importância do filme como instrumento de propaganda. [...]
A grande organização da UFA logo se estendeu em todos os sentidos, vertical e horizontalmente. Incorporavam-se empresas de produção, distribuição e exibição e penetrava-se na própria fabricação de filmes virgens. A ascensão da indústria alemã, acelerada pelo truste EMELKA (Muenchener Lichtspielkinst A.G.), Terra-Film A.G. e DECLA-Bioscop (logo fusionada com a UFA), resultou em pesado golpe para a indústria dinamarquesa, golpe de que esta nunca mais se refez. Essa ascensão – que no futuro vai provar não ter bases econômicas sólidas – é favorecida pela fantástica inflação do marco, que permite a exportação do produto alemão a preços sem concorrência, enquanto torna o mercado alemão desinteressante para os produtores estrangeiros. Foi, portanto, a inflação, que transformou o dinheiro alemão em papel sem valor, que estimulou o surto do cinema alemão ao intensificar a exportação e ao diminuir a importação, enquanto paralelamente criava as facilidades para a produção de filmes de real qualidade[11].

Além dos filmes documentais – cinejornal compostos de boletins ilustrados misturados a filmes de propaganda feitos em estúdio –, no campo da ficção era realizado grande número de dramas patrióticos, além de melodramas, comédias e farsas. Os primeiros filmes, na maioria de tendência patriótica, seriam logo rejeitados pelos espectadores, que passariam a dar preferência a filmes que se relacionassem com o tema da paz. De qualquer modo, o que mais importa notar na produção desse período de guerra é o desenvolvimento

11. Anatol Rosenfeld, "O Cinema de 1914 a 1929: Evolução Econômica", em *Cinema: Arte & Indústria*, pp. 110-111.

que ocorreu e que seria de fundamental importância para o grande cinema alemão da década de 1920. E o contexto efervescente nas outras áreas artísticas vão concorrer para a plenitude desse cinema:

A contribuição decisiva dos anos de guerra e dos anteriores foi a preparação de uma geração de atores, cinegrafistas, diretores e técnicos para as tarefas do futuro. [Emil] Jannings[12] foi apenas um dos numerosos atores que fizeram seu treinamento básico durante o período arcaico. Todos eles mais tarde criariam uma espécie de companhia de repertório. Na realidade, o elenco de todo filme lançado na Alemanha incluiria membros desta "associação" que, mesmo adquirindo continuamente novos recrutas, mantinha sua velha guarda intacta. Enquanto Hollywood cultiva estrelas em vez de efeitos conjuntos, e o cinema russo frequentemente usa figurantes, o cinema alemão se baseia num corpo permanente de atores – profissionais altamente disciplinados que se ajustam a todas as mudanças de estilo e forma[13].

Desta maneira, estava formada a base para o surgimento do grande momento do cinema alemão. Seus primeiros presságios, apresentando inclusive temas que seriam característicos do expressionismo, já se mostravam, de modo especial, em quatro filmes: *O Estudante de Praga*, de Paul Wegener, ator de Reinhardt, que em 1913 realizaria este filme baseado em antigas lendas; *O Golem*, de 1915, produzido por Wegener e dirigido por Henrik Galeen, baseado numa lenda medieval judaica; *Homunculus*, de 1916, considerado o primeiro antecessor de Frankenstein; e *O Outro*, baseado numa peça teatral de Paul Lindau, que por sua vez dramatizava um caso nos moldes de *Dr. Jekyll e Mr. Hyde*. Tais filmes, além de terem servido de inspiração para o período mais fértil da produção alemã, seriam posteriormente refilmados.

No entanto, será com a fundação da UFA, em 1917, que a produção germânica deslanchará de vez.

---

12. Emil Jannings foi um dos principais atores da época do cinema expressionista alemão, atuando em alguns de seus filmes mais representativos: foi o professor em *O Anjo Azul*, de Sternberg, Mefistófeles em *Fausto*, de Murnau, e o protagonista de *O Último Homem*, também de Murnau, entre outros. Subsequentemente também seria proeminente na Alemanha nazista.

13. Siegfried Kracauer, *op. cit.*, p. 37.

O nascimento do cinema alemão propriamente dito resultou em parte das medidas organizacionais tomadas pelas autoridades deste país. Estas medidas podem ser resumidas por duas constatações que todos os alemães cultos estavam em condições de fazer durante a Primeira Guerra Mundial. Primeiro, eles se tornaram cada vez mais conscientes da influência de filmes antigermânicos produzidos em toda parte no exterior – um fato que surpreendeu tanto mais porque eles ainda não haviam percebido o imenso poder de sugestão inerente a esta mídia. Segundo, eles reconheceram a insuficiência da produção doméstica. Para satisfazer a enorme demanda, produtores incompetentes haviam inundado o mercado com filmes que mostravam qualidade inferior à maioria dos filmes estrangeiros. Ao mesmo tempo, o cinema alemão não havia sido animado pelo zelo propagandístico que o dos Aliados evidenciava[14].

Tal fato nos traz um dado que hoje poderíamos achar curioso – mas que talvez seja lógico, considerando-se a as-so-ciação que o cinema engendra entre indústria e arte –, que é o fato de o grande impulso para o cinema alemão ter resultado da necessidade de um produto competente em termos tanto artísticos quanto mercadológicos[15]. A isso acrescer-se-ia uma estética que, em primeira instância, não teria nada de merca-dológica ou propagandística – refutando a realidade presente –, mas que no final demonstraria o contrário.

Num primeiro momento, as autoridades alemãs, cien-tes do poderio do cinema e desejosos de um produto de qualidade, intervêm por meio da fundação da DEULIG (Deutsche Lichtspiel-Gesellschaft) – incumbida da produ-ção de documentários para publicidade interna e externa – e a BuFa (Bild und Filmamt) – fornecedora de salas de exibi-ção e realizadora de documentários sobre atividades milita-res. Entretanto, tais iniciativas mostrar-se-iam insuficientes, dada a forte campanha antigermânica efetuada pelos filmes norte-americanos.

No rastro de uma resolução adotada em novembro de 1917 pelo Alto Comando alemão, em estreito entendimento com proeminentes finan-cistas, industriais e armadores, a Messter Film, a Union de Davidson e as companhias controladas pela Nordisk – com o apoio de um grupo

14. *Idem*, p. 50.

15. Para uma conceituação consistente sobre o assunto, *cf.* Anatol Rosen-feld, "Cinema: Arte & Indústria", em *Cinema: Arte & Indústria*, pp. 33-50.

de bancos – fundiram-se numa nova empresa: UFA (Universum Film Aktien Gesellschaft). [...] A missão oficial da UFA era fazer propaganda da Alemanha de acordo com as diretrizes governamentais. Estas estabeleciam não apenas a propaganda direta, mas também filmes característicos da cultura alemã e filmes servindo ao propósito da educação nacional. Para alcançar seus objetivos, a UFA tinha de elevar o nível da produção doméstica, porque apenas poderia tornar-se competitiva com filmes de alto nível e, principalmente, superar a eficácia da propaganda do produto estrangeiro. Animada por este interesse, a UFA reuniu um time de talentosos produtores, artistas e técnicos, e organizou o trabalho de estúdio com a perfeição da qual depende o sucesso de qualquer companhia propagandística. Além disso, a UFA tinha que vender sua mercadoria[16].

O final da guerra viria, paradoxalmente, a contribuir para o sucesso da UFA. A BuFa seria dissolvida no final de 1918 e o *Reich* renunciou à sua participação na sociedade que compunha a UFA. Suas ações passaram então a ser compradas pelo Deutsche Bank, inclusive as ações pertencentes à Nordisk. A UFA tornava-se, assim, empresa privada. O forte boicote internacional pós-guerra contra os filmes alemães, por outro lado, forçou a UFA a tentar romper este bloqueio, adquirindo direitos em salas de exibição em países como Suíça, países escandinavos, Holanda e Espanha.

A esta situação de configuração mercadológica, mais comercial – poderíamos assim dizer –, juntou-se uma inquietação intelectual do período.

O nascimento do cinema alemão originou-se não apenas da fundação da UFA, mas também da excitação intelectual que despontou através da Alemanha do pós-guerra. Todos os alemães estavam então com um humor que pode ser melhor definido pela palavra *Aufbruch*. No sentido pleno no qual foi usado na época, o termo significava "saída do mundo sombrio de ontem em direção a um amanhã construído com base em concepções revolucionárias". Isto explica por que, como na Rússia, a arte expressionista tornou-se popular na Alemanha durante o período. As pessoas de repente perceberam o significado da pintura de vanguarda e viram-se refletidas em dramas visionários que anunciavam, para uma humanidade suicida, o evangelho da nova era de fraternidade[17].

16. Siegfried Kracauer, *op. cit.*, p. 51.
17. *Idem*, p. 53.

Babelsberg nos seus primeiros anos.

Trata-se de um período entusiasmante, em que todas as camadas da sociedade, mesmo sem serem chamadas ao debate, participavam dos problemas políticos, sociais e econômicos com muito entusiasmo.

Liam *O Capital* ou citavam Marx sem tê-lo lido; acreditavam no socialismo internacional, no pacifismo, no coletivismo, na liderança aristocrática, na vida comunitária religiosa ou na ressurreição nacional, e frequentemente apresentavam uma confusa mistura destes variados ideais através de um credo completamente novo. Mas, não importa o que defendessem, parecia-lhes um remédio universal para todos os demônios, particularmente nos casos em que deviam sua descoberta à inspiração, em vez de ao conhecimento. [...] Inumeráveis manifestos e programas espalhados por toda a Alemanha, e a menor sala de reunião, ressoavam o barulho de discussões acaloradas. Foi um daqueles raros momentos em que a alma de todo um povo ultrapassa suas fronteiras tradicionais[18].

Os reflexos desta situação para o cinema alemão seriam extremamente positivos. Atraídos pela ideia de expressarem seus anseios e frustrações e contando com uma poderosa infraestrutura que se estabelecera antes e durante a guerra, milhares de pessoas se aproximaram do novo meio, que já se mostrara uma mídia muito mais eficiente do que se acreditava.

No despertar deste ruidoso *Aufbruch*, os últimos preconceitos contra o cinema desapareceram. Mais importante do que isso, o cinema atraiu energias criativas que desejavam uma oportunidade para expressar adequadamente as novas esperanças e temores de que a era estava repleta. Jovens escritores e pintores que acabavam de voltar da guerra se aproximaram dos estúdios de cinema, animados, como o resto de sua geração, pelo desejo de comungar com o povo. Para eles, a tela era mais do que um rico meio de possibilidades inexploradas; era um meio único de divulgar mensagens para as massas. É claro que produtores de cinema e os grandes executivos interfeririam em voos tão altos, maquinando todos os tipos de compromisso. Mas, mesmo assim, esta efervescência do pós--guerra enriqueceu o cinema alemão com um conteúdo singular e uma linguagem própria[19].

O Apogeu do Cinema Alemão

O grande período do cinema alemão ficou marcado para a história sob o nome de "cinema expressionista alemão". É uma tarefa um tanto árdua caracterizar com exatidão tal termo. Em termos históricos, seria o momento de produção efervescente desenvolvido pela UFA, iniciando-se com *O Gabinete do Doutor Caligari*, em 1919, e indo até 1926, quando começou seu declínio. Alguns historiadores, como podemos perceber em Kracauer, ampliam esse período, percebendo os primórdios do cinema "expressionista" no período pré-guerra, e estendendo-o até 1933, quando Hitler toma o poder. O fato é que *O Gabinete do Doutor Caligari* é considerado o filme "expressionista" por excelência, por conter os elementos que mais e

18. *Idem, ibidem.*
19. *Idem*, pp. 53-54.

melhor o caracterizam como expressionista. É fundamental, entretanto, salientar que, no período de produção da UFA e naquele que se seguiu, coexistiu uma diversidade de gêneros de filmes, desde dramas históricos até comédias, passando por *vaudevilles* e até mesmo filmes de sexo – que atraíam grande público. Figuras exponenciais apareceriam nesse momento: Fritz Lang, Murnau, Ernst Lubitsch, Robert Wienne, Pabst, Marlene Dietrich, Pola Negri, Greta Garbo, Emil Jannings, Konrad Weidt, Werner Krauss etc. Isto sem mencionar grandes técnicos que, juntamente com competentes atores e diretores, teriam mais tarde, em sua maioria, os Estados Unidos como destino, sendo absorvidos pela indústria cinematográfica americana quando se inicia o êxodo provocado pelo agravamento da crise alemã em 1925. Falando de atores e diretores que emigraram para os EUA:

Ainda vieram, na época muda, atores como Emil Jannings, Konrad Weidt, Lya de Putti, Camila Horn, Greta Nissen, Pola Negri, os diretores Dimitri Buchowetsky, Paul Leni, Fred Murnau, Ludwig Berger, Erich Pommer, E. A. Dupont, Ernst Lubitsch, Fritz Lang – entre outros. A maioria dos artistas importantes, particularmente os diretores, mimados como cavalos de raça pelos reis do celuloide, foi despersonalizada pela engrenagem do cinema americano. Mimados, sim, mas também tutelados e adestrados como cavalos de raça, deles não se esperava nada senão a máxima eficiência na execução dos produtos da indústria cinematográfica. Assim, só muito poucos conseguiram manter o nível europeu, e mesmo aqueles que voltaram à Europa não conseguiram realizar de novo qualquer coisa de ponderável[20].

Apesar de diversos, tanto em gêneros quanto em estilos, os filmes "expressionistas" tinham muitos elementos em comum, aspectos esses que estabeleceram, quase como códigos, influências de uma forma de arte expressionista em relação ao mundo. Assim, apesar da imprecisão do termo "filme expressionista" – aplicada mais em função de um período histórico –, é possível encontrar um sentido para seu uso se considerarmos os elementos de choque empregados nos filmes e que procuravam expressar um sentimento de opressão e revolta em

---

20. Anatol Rosenfeld, "Anexos", em *Cinema: Arte & Indústria*, p. 175.

relação ao mundo. Elementos esses puramente visuais, trabalhados plasticamente de forma a atingir o "choque".

Tais elementos provinham de diversas fontes: poderiam ser um tema, um personagem, elementos do cenário e até a interpretação. Poderia ser um único ou até mesmo todos de uma só vez. *O Gabinete do Doutor Caligari* é considerado o filme "expressionista" por excelência não só por ser o pioneiro (é de 1919), mas também por conjugar todos esses elementos, procurando retratar uma realidade aberrante, tortuosa, na qual convivem mentes doentias ou figuras do além. Vejamos alguns desses elementos marcantes que podem ser notados, revelando um extremo apuro na forma de expressão plástica:

Comecemos pelo aspecto da *deformação*. O filme "expressionista" – bem como a arte expressionista em geral – deforma os objetos ou os detalhes, destacando-os do conjunto, de modo a impressionar o espectador.

A arte expressionista sacrifica a massa dos detalhes à expressão-tipo. Esta expressão ou detalhe-tipo é engordado e deformado em detrimento do resto, para impressionar o espectador seduzido pelo monte de coisas inúteis a mostrar. Ele busca provocar a emoção imediata por grandes efeitos figurativos, rítmicos e dinâmicos. Sua inspiração vem do teatro de Max Reinhardt, que se notabilizou pela estilização dos cenários, pela dramatização da atmosfera, pela movimentação de massas no palco, pelo arranjo coral dos coadjuvantes e pela iluminação: no "Deutsches Theater", foi o primeiro a realizar decorações inteiramente constituídas por fachos de luz[21].

Novamente percebemos aqui a influência do teatro no cinema "expressionista", principalmente através do teatro de Max Reinhardt, apesar de este não ter realizado um teatro propriamente "expressionista"[22]. Aqui, ligados à ideia de

21. Luiz Nazário, *De Caligari a Lili Marlene: Cinema Alemão*, p.16.

22. Pelo que me foi possível apurar através de leitura de livros sobre história do teatro, Max Reinhardt, apesar de ser contemporâneo ao período do cinema expressionista, não é tido como realizador de um teatro expressionista. É tido mais como grande encenador que trouxe para o teatro colaborações quanto à dinâmica da encenação, jogo de atores, uso criativo da iluminação etc. Como veremos adiante, ele teria sido de fundamental importância como influência às obras de Fritz Lang. Afirma Lotte Eisner: "... cessemos de confundir o estilo expressionista com o seu contrário, o do teatro de Max Reinhardt". (*cf.* Lotte Eisner, *A Tela Demoníaca*, p. 13.)

deformação, vemos a influência de três outros elementos fundamentais no cinema "expressionista": *a decoração, a iluminação* e *o jogo de atores*. Na verdade, são três elementos que, combinados, possibilitam resultados expressivos no sentido de criar deformação e, consequentemente, provocar o choque.

A deformação, a iluminação e o jogo dos atores são os meios mais eficazes de deformação e, portanto, os três dados básicos do cinema expressionista. [...] tal como ocorre em *O Gabinete do Dr. Caligari* (1919), de Robert Wiene, um dos poucos filmes inteiramente expressionistas: aí o jogo dos atores está integrado à decoração, que se integra à maquilagem e ao vestuário, que se integram à iluminação e à decoração. Conrad Weidt e Werner Krauss seguem, em suas interpretações, os ângulos agudos do cenário, através de uma gesticulação desvairada e de uma mímica concentrada, reprimindo as articulações intermediárias que tornam a representação "espontânea". [...] Através da concisão extrema e do antinaturalismo, tais elementos podem expressar, com o mínimo de movimento, o máximo de emoção, dando a impressão de autômatos imprevisíveis, que aparecem e desaparecem repentinamente, esboçando gestos que não se concluem ou apresentando-os sem transição. O pouco de realidade que neles resta é retirado pelas roupas estilizadas. Caligari em seu uniforme de professor, César numa malha preta, Jane de branco como as figuras imantadas ou numa túnica com raios em zig-zag, tornam-se "figuras de sonho, sem tempo nem realidade". Cada costume parece nascer dos arabescos dos cenários, cujas linhas, quedas, ângulos e ondulações correspondem ao processo interior dos personagens. As deformações têm um fundamento psicológico desde que esta é uma história contada por um louco, que vê seus colegas de hospício como protagonistas de crimes ordenados pelo próprio psiquiatra[23].

A colocação de Luiz Nazário nos remete a um aspecto fundamental do filme "expressionista", que é a correlação entre os diversos elementos presentes em cena. O cinema "expressionista" baseia-se todo ele na exteriorização de estados de alma, de situações extremas, que são refletidas no cenário, na composição do quadro e na interpretação, que devem adequar-se ao conjunto. Daí uma estilização em termos de figurinos, cenários, maquiagem e mesmo interpretação. Some-se a isso outro aspecto fundamental, que se vai agregar a este aspecto mais "plástico" – poderíamos assim dizer –, que é o próprio estágio de evolução da linguagem cinematográfica, no seu período

---

23. Luiz Nazário, *op. cit.*, 1983, pp. 16-17.

Werner Krauss, Konrad Weidt e Lil Dagover em O Gabinete do Dr. Caligari, *1919, de Robert Wienne.*

"mudo". Em função desta situação – que não é vista em hipótese alguma como inferior, muito pelo contrário –, desenvolve-se no cinema "mudo" toda uma linguagem para que a expressão seja extremamente eficiente. É um período da história do cinema muitíssimo rico, pois vários recursos cinematográficos são desenvolvidos e experimentados, contribuindo plenamente para criar um vasto repertório na linguagem cinematográfica. Adiante veremos mais detalhadamente como tal processo se desenvolveu, mais propriamente quando tratarmos de Fritz Lang.

Estabelecendo uma relação com o exposto anteriormente sobre como o cinema "mudo" sugere o som, é importante também ressaltar a preocupação em se trabalhar elementos dinâmicos, que passem ideia de ritmo, que choquem. A intenção de se trabalhar as formas de modo a se obter a expressividade nos relembra a possibilidade de uma sugestão sonora, tornando-a intrínseca a um trabalho com cada elemento cênico.

Retomando os elementos valorizados pelo expressio-nismo, voltemos ao aspecto da *iluminação*. Lotte Eisner, ao discutir alguns aspectos do cinema "expressionista", em especial o gosto pelo jogo de claro-escuro, procura estabelecer a verdadeira influência do teatro de Max Reinhardt no movimento e que irá colaborar para a caracterização do "filme expressionista":

O termo "expressionista" é muitas vezes aplicado a torto e a direito a qualquer filme alemão da época dita "clássica". Será ainda preciso explicar que certos efeitos de claro-escuro, tantas vezes considerados expressionistas, já existiam bem antes de *Caligari*? E que este filme não é absolutamente – como alguns podem crer – o primeiro filme de valor rodado na Alemanha?[24]

Neste momento, Lotte Eisner se refere aos filmes de Paul Wegener (já mencionados anteriormente) e que apresentavam muitos destes elementos de claro-escuro. Baseando sua opinião principalmente em *O Golem* e *O Estudante de Praga*, a autora menciona muitos recursos cinematográficos que seriam posteriormente utilizados e vê nestes filmes grandes atores que precederiam o momento que viria pouco depois. Citando a influência do teatro de Max Reinhardt, ela acrescenta:

Os laços que unem o teatro de Max Reinhardt e o cinema alemão são evidentes já em 1913. Com efeito, os principais atores desses filmes, Wegener, Bassermann, Moissi, Theodor Loos, Winterstein, Weidt, Krauss, Jannings, para citar apenas alguns, vêm da troupe de Max Reinhardt. [...] Os berlinenses tinham o costume de ir várias vezes por semana ao teatro de Max Reinhardt, que todo dia mudava de programa. Era natural que o cinema, ao se tornar uma arte, aproveitasse as descobertas de Max Reinhardt, que utilizasse o claro-escuro e os mantos de luz que derramavam de uma janela alta num interior escuro, assim como eram vistos todas as noites no "Deutsches Theater". Porém o célebre claro-escuro do cinema alemão não tem como origem única o teatro de Max Reinhardt. Não podemos negligenciar a contribuição dos cineastas nórdicos, sobretudo os dinamarqueses, que invadiram os estúdios alemães, como Stellan Rye, Holger Madsen ou Dinesen. Eles trouxeram, antes mesmo que o estilo expressionista se definisse, o amor pela natureza e o senso do claro-escuro. Max Reinhardt, profundamente "impressionista", dispensava perfeitamente as experiências dos expressionistas. Já era o mestre da magia sedutora das iluminações. Sempre lhe agradara, até ali, vestir as formas com uma luz

24. Lotte Eisner, *op. cit.*, 1985, p. 39.

quente, vertida milagrosamente por uma fonte invisível, multiplicar essas fontes, arredondar, fundir e aprofundar as superfícies com o veludo das sombras, com o único fim de suprimir o verismo e o naturalismo detalhista, caros à geração anterior[25].

Outro aspecto de choque muito utilizado pelo cinema "expressionista" é o tratamento dado à representação da *natureza*. Partindo do pressuposto de que os cenários são representações de estados de alma dos personagens, adquirindo neste sentido um significado suplementar, a natureza é abolida, optando-se, no seu lugar, por sua representação em cenário. Havia assim uma predileção pelas filmagens em estúdio – nas quais a UFA se tornaria especialista –, por maiores ou mais caros que fossem os cenários. Exemplo clássico desse artifício são filmes nos quais fachadas de casas e ruas inteiras eram reproduzidas em estúdio.

Nos filmes expressionistas, a natureza é suprimida e remodelada: a lua, as nuvens, os raios de sol são pintados no cenário e participam dos fluxos anímicos dos personagens. Quando elementos naturais são escolhidos, é sempre em função de sua "estranheza" e de seu "potencial de angústia". [...] A supressão da paisagem natural transforma o amanhecer num acontecimento dramático. O sol, no universo expressionista, não se levanta à toa, mas para matar um vampiro ou realçar a mais sublime felicidade. [...] Na Alemanha expressionista há somente crepúsculos crônicos, nuvens escuras, tempestades de neve ... cuidadosamente fabricadas em estúdio[26].

E ainda:

Para que um filme possa se tornar uma obra de arte – explica por sua vez [Rudolf] Kurtz [escritor alemão] – a natureza deve ser estilizada. Num filme, o destino humano nem sempre se adapta ao quadro natural; a realidade neutra deste não convém, na verdade, senão aos documentários, enquanto que, para tornar compreensível o destino do homem, é preciso utilizar *Stimmunsgsbilder*, imagens impregnadas de atmosfera. [...] Apenas quando o próprio diretor confecciona sua paisagem, consegue, segundo Kurtz, conferir-lhe uma alma e fazê-la desempenhar um papel ativo no drama. Assim como a iluminação dá destaque às personagens e aos objetos, a paisagem no cinema alemão se torna um "fator dramático", um elemento "dramatúrgico". Há liames íntimos e profundos, ensina ainda Kurtz, entre as paisagens e os seres humanos. O aspecto de

25. *Idem*, pp. 44-46.
26. Luiz Nazário, *op. cit.*, pp. 17-18.

uma região deve frisar, acentuar a tensão de uma cena. O expressionismo constrói seu universo, não se adapta pela compreensão a um mundo preexistente. [...] Como o véu que separa o homem nórdico da natureza não pode ser arrancado, os alemães, narcisistas ao extremo, constroem uma natureza artificial, a única que lhes é acessível[27].

É desse modo que alguns espaços que mostravam ruas e feiras são marcantes e representativos em filmes "expressionistas".

Nos filmes alemães, a rua representa o apelo ao Destino, principalmente à noite, com seus becos desertos onde mergulhamos num abismo, o tráfego fulgurante, os lampiões acesos, os luminosos, os faróis dos automóveis, o asfalto brilhando com a chuva, as janelas iluminadas nas casas misteriosas, o sorriso das moças de rosto pintado. [...] Tudo chama à aventura, à efusão[28].

E ainda:

A rua "expressionista" exprime uma angústia atemporal e metafísica. Nela caminham seres arrasados moralmente, deprimidos por obscuras problemáticas. Sinistra, seus lampiões iluminam apenas o pequeno espaço estelar sobre o qual pendem perigosamente: o resto são espaços cavernosos, becos sem saída, lugares pelos quais só é possível passar vergando o corpo. Não cabem veículos nesta rua, porque ela é um frágil palco de papelão[29].

A feira, por sua vez, é marcante por representar o local onde geralmente se encontra o personagem tirânico, além de agregar nesse espaço todas as classes sociais. É uma presença constante nos filmes "expressionistas". Segundo Kracauer, reflete a condição caótica da Alemanha do pós-guerra, a desordem, o desregramento e a confusão das massas.

Na feira encontramos todas as classes sociais, numa Babel de sons estridentes, num torvelinho de cores brilhantes, com monstros e aventuras, numa regressão à infância, onde o imaginário e o real se confundem num caos de instintos anárquicos reprimidos pela civilização. Esta é representada, de forma crítica, pelo personagem tirânico, que reside no seio da mesma feira, expandindo lentamente seus poderes através de agentes intermediários. Em *Mabuse, o Jogador* (1922), *Mabuse, o Inferno do Crime* (1923) e *Espiões* (1927), a feira é substituída, com o mesmo sentido, pelo *music hall* e pela mesa giratória, pela jogatina e pela bolsa de

27. Lotte Eisner, *op. cit*, p. 106.
28. *Idem*, p. 169.
29. Luiz Nazário, *op. cit.*, p. 25.

73

valores, pelo banco e pela espionagem: há, nestes filmes de Lang, uma identificação completa entre jogo e concorrência, crime e capitalismo, hipnose e dominação[30].

Ainda em relação à representação/exteriorização de dramas e estados de alma no cenário e demais elementos de cena, podemos destacar aquilo que Luiz Nazário chama de *animização* dos objetos. Por meio de tal processo, todos os elementos de cena são carregados de um sentido maior pertencente ao drama quando são colocados em cena, de modo que a simbólica do objeto cria e transmite também a simbólica do drama. Assim, os objetos tornam-se mais densos, trazendo em si um valor maior, intrínseco ao drama.

Enquanto o objeto guarda seu valor, sua materialidade cresce com o peso de tudo o que ele adquire na continuidade dramática que o envolve: sobrecarregado de símbolos, ele parece mais pesado, denso, de uma espessura incomum, de tal forma e tanto que até a luz participa do sufocamento dos indivíduos. Esta animização dos objetos, junto à radical negação da natureza, à estilização do vestuário e da maquilagem, termina por transformar os próprios personagens em objetos simbólicos do drama que, nesta altura, adquire um caráter eminentemente plástico. A história de Caligari não é contada através da ação dos protagonistas, mas da estruturação do espaço cênico, realizada por Hermann Warm, Walter Rohrig e Walter Reimann, do grupo Tempestade de Berlim. Como em muitos filmes alemães do período, as personagens são aí fixadas no desenho, tornando a tela uma gravura e o filme uma pintura viva: pinguelas desenhadas nos muros, paredes pintadas com signos e letras, inscrição de bairros inteiros num telão... Há uma continuidade espacial entre o cenário pintado ao fundo e a realidade nele embutida, de modo que os personagens parecem saídos da pintura, como "desenhos vivificados"[31].

Outros elementos plásticos que podem ser considerados marcantes no filme "expressionista" são a maquiagem – com destaque para as olheiras – e alguns objetos, que passam a ser representativos dentro deste tipo de drama. Seguindo a dinâmica do filme "expressionista", tais elementos adquirem participação no drama, expressando sentimentos, estados de alma, frustrações e anseios, ligando sempre os personagens a forças supremas do universo (Destino, Morte, Vida, Além, Inferno

30. *Idem*, p. 25.
31. *Idem*, p. 19.

etc.). No caso dos objetos, elementos como espelhos, escadas ou até mesmo livros, passam a ser representativos. A escada, por exemplo, está sempre ligada à ideia de ascensão e queda, ou, como diz Lotte Eisner, ao se transformar numa relação que pode ser social ou espiritual. Ao mesmo tempo, é utilizada como elemento de tensão e suspense envolvendo personagens que se deslocam entre dois espaços. Os espelhos são dramatizados, a partir do momento em que refletem não a própria criatura mas sua imagem deformada, chocante. No caso de *O Estudante de Praga*, seu reflexo é vendido em nome de seu amor, relacionando assim o espelho à ideia de morte. No caso dos livros, podem conter solução para grandes mistérios, dúvidas, ou mesmo guardar grandes segredos. Ou, como no caso de *O Testamento do Doutor Mabuse* (1933), de Fritz Lang, terá o poder de hipnotizar pouco a pouco um psiquiatra.

As *olheiras* são marcantes no cinema "expressionista", sendo dotadas de um simbolismo (estado profundo da alma, melancolia, cegueira), o que também ocorre com máscaras brancas comumente presentes nos rostos dos atores.

As personagens em conflito com o protagonista são privadas de vida pessoal, são radiações de sua essência íntima. Entre outros recursos, é a máscara branca que isola, dos outros personagens, aqueles que car-regam o drama em seus corpos. A máscara torna seus rostos campos de emoção em estado puro. Em torno dos olhos, olheiras profundas, maciças ou estriadas, realçando olhos enormes, vesgos de pavor ou lacrimejantes de sublimação. No caso de um personagem simbólico, as olheiras também podem ser fantásticas, como as de Cesar em *Caligari*: elas não se referem senão remotamente à sua condição de sonâmbulo, muito mais coerentes com a sua condição de assassino. [...] As olheiras servem, enfim, como molduras para olhos-espelhos hipnóticos, como os de Pola Negri em *Os Olhos da Mumia Ma* (1918) de Lubitsch ou os de Rudolf Klein-Rogge, cuja máscara transmite, sem a necessidade de proferir uma palavra, todo o terror de que Dr. Mabuse é capaz[32].

A esta estruturação do cinema "expressionista" somam-se, por fim, *personagens sinistros e tirânicos*, muitos dotados de poderes especiais, característica que pode ser estendida também a outros personagens, exercendo assim a sua dominação. São vampiros, demônios, hipnotizadores, sonâmbulos,

32. *Idem*, pp. 28-29.

ou, de outro lado, estupradores, açougueiros, prostitutas, bandidos etc.

É numa jovem república estremecida que o expressionismo chega às telas, desenvolvendo um modo fantasmagórico de narrativa e uma dramaturgia do horror, em alegorias que giram, quase sempre, em torno de um personagem sinistro e mágico, que concentra grande poder em suas mãos, capaz de dominar os indivíduos e controlar a realidade que os cerca pela liberação de forças expedicionárias. Este personagem quase nunca se expõe abertamente, exercendo suas influências na retaguarda, através do manejo hábil do aparato. Seus intermediários, desprovidos de autonomia, aparecem como um sonâmbulo, uma múmia, uma boneca, uma mulher-robô ou uma gang organizada. Quando dispensa seus agentes, o tirano assume, ele próprio, as características inumanas do intermediário, aparecendo ora como a Morte, em *As Três Luzes*; ora como o Demônio, em *Fausto* e nas duas versões de *O Estudante de Praga*. [...] Nas suas diversas gradações, todas as categorias do Mal figuram nos filmes expressionistas: o criminoso, o perverso, o maquiavélico, o demoníaco, o monstruoso, o sobrenatural etc. E, em muitos casos, é o amor verdadeiro a única arma apontada como capaz de lhe dar combate[33].

Daí resulta outra característica do filme "expressionista":

O herói expressionista luta corpo a corpo com os elementos mais obscuros e brutais da natureza; ele enfrenta, desarmado, perigos invisíveis, ameaças impalpáveis, vagalhões de mal-estar. É absolutamente improvável que, num filme expressionista, o herói dispare algum tiro contra o tirano, o vampiro, o assassino; nem revólveres nem facas, o herói e a heroína libertam-se com o próprio sangue, com a força de seus corpos, com o poder de seu amor[34].

Fritz Lang e o Expressionismo

Acompanhando nossa linha de raciocínio, seria interessante, no momento, introduzirmos o cineasta central da análise deste livro, estudando-o em sua formação, sua relação com o contexto da época e com o próprio contexto do cinema "expressionista".

Primeiramente, quanto à relação de Fritz Lang com o movimento expressionista, notam-se nos livros que fazem

33. *Idem*, pp. 22-23.
34. *Idem*, p. 28.

76

referência a esse assunto muitas impropriedades ditas ao longo do tempo, a maioria provavelmente em função da imprecisão com que o termo "expressionista" é empregado. A referência mais segura, ao que parece, é a de Lotte Eisner, que foi amiga do diretor durante toda a vida, tendo sido inclusive a única pessoa autorizada por ele a escrever um livro a seu respeito. O que se sabe é que Lang não se considerava um cineasta expressionista, embora reconhecesse elementos da arte expressionista em certos filmes seus. Cabe ressaltar que Lang era filho de arquiteto e o pai sempre insistiu para que ele frequentasse uma faculdade de arquitetura. Muito a contragosto, Lang frequentou por um semestre a escola de arquitetura, mas logo abandonou os estudos e a sua Viena natal, indo atrás do desejo de ser pintor. Principiaria então um processo de formação/aquisição de cultura que Lang traria para os seus filmes, os quais começaria a fazer com quase trinta anos de idade. Em sua juventude, Lang acabou passando por vários países da Europa e do Oriente, solidificando uma experiência muito importante na área da pintura, tendo convivido com movimentos artísticos e intelectuais importantes. Somente durante a Grande Guerra, quando foi ferido durante combate, é que se aproximaria do cinema, iniciando-se como roteirista para Joe May. Apesar de não ter completado o curso de arquitetura, Lang demonstraria em seus filmes um grande conhecimento da área, construindo cenários grandiosos e fabulosos.

No que tange à temática, a de Lang certamente se assemelha aos temas abordados pela produção mais expressionista da época. A Morte é um destes temas.

Os filmes mudos de Lang, assim como seus roteiros, escritos para Rippert, enfocam repetidas vezes o tema da morte, tratado em modo menor; este é também o *leitmotiv* de *A Morte Cansada*. Encaixados numa história principal – a da jovem que quer arrebatar o amante à Morte –, três episódios (decorridos em épocas e países diferentes) não passam de variantes dela, com conclusões idênticas: todos os esforços empregados pela amante em salvar o bem-amado o conduzem à perdição[35].

Dentro da discussão sobre o termo "expressionismo", deve-se recordar que Lang realizou filmes que propiciavam o

35. Lotte Eisner, p. 65.

retrato de uma época, como *Mabuse*, que tinha como subtítulo *Pessoas de uma Época*. Neste filme em especial, vários recursos cinematográficos até então pouco (ou nunca) vistos eram agregados à narrativa, provocando efeito de estranhamento. Entretanto, apesar de o filme conter elementos expressionistas – como o fato de Mabuse representar o Mal, tendo poderes de hipnose que exerce sobre os outros em seu benefício, tais como roubar e adquirir poder –, está longe de ser um filme tipicamente expressionista, como o seria *Caligari*. Lang, aliás, profundo conhecedor de arte, trabalha com variados estilos – como um ambiente inteiro em *art déco* em *Mabuse* –, sendo sempre muito preciso em relação ao que está procurando.

Uma influência que se mostrou incontestável na obra de Fritz Lang foi o teatro de Max Reinhardt.

De todos os cineastas alemães, Fritz Lang foi quem sofreu mais intensamente a influência da encenação de Max Reinhardt, mas nem por isso deixou de ter, assim como Wegener, uma visão bastante pessoal[36].

Tal influência seria notada principalmente na manipulação de massas de atores e no jogo de luzes, aos quais Lang acrescentaria seu gosto por pintura e seu conhecimento de arquitetura, trabalhando todos os elementos em função de cenários gigantescos.

Embora Lang tivesse ultrapassado Reinhardt na estilização decorativa, a influência reinhardtiana permanece visível. Encontramos sinais da maneira como os grupos eram conduzidos no "Grosses Schauspielhaus" na cena do conflito entre as duas rainhas nos degraus da catedral, quando o sombrio cortejo de Brunhild se choca, num movimento cuneiforme, com o séquito de Kriemhild com vestimentas de tons claros. O corpo humano isolado, em *Os Nibelungos*, é igualmente tratado como elemento de cenário, absolutamente estático, privado de vida individual e fixo em sua simetria, como, por exemplo, os corneteiros que se destacam contra o céu límpido, tão arquitetônicos quanto a ponte levadiça que se estende luminosamente no espaço. Os numerosos figurantes são também totalmente desumanizados: por exemplo, a fila dos guerreiros dispostos em intervalos regulares, que se mantém, segundo um ritmo muito preciso, em posturas estritamente idênticas, com o escudo e a espada ao lado[37].

36. *Idem*, p. 66.
37. *Idem*, p. 110.

Os construtores da Torre de Babel, na história contada por Maria aos trabalhadores, em Metropolis, de Fritz Lang.

Tal constatação ressalta outro aspecto fundamental da obra alemã de Fritz Lang: o seu gosto pela simetria, que é marcante em Os Nibelungos, especialmente por conta dos enquadramentos, em associação a gigantescas construções arquitetônicas.

A arquitetura equilibrada de Os Nibelungos não é absolutamente expressionista; porém a aplicação de alguns princípios do expressionismo governou a estilização expressiva das superfícies vastas: é a busca da essência, da linha geral, da condensação que resulta numa fusão absoluta de formas abstratas. [...] As arquiteturas imensas de Os Nibelungos constituem um quadro ideal para a estatura poderosa desses heróis de epopeia. Visando efeitos espetaculares, Lang anima a rigidez grandiosa da arquitetura com a introdução da iluminação. Lang tem uma predileção marcada pelos jogos de simetria e contrapontos: o peso portal das abóbadas, sob as quais está empilhado o tesouro dos Nibelungos, será ladeado por duas personagens de porte alto – Kriemhild e Hagen –, ou às vezes, no batente de uma porta, sob um arco, uma única figura se manterá em pé, cuidadosamente enquadrada. O mesmo propósito o fará dispor os atores nas paisagens segundo um esquema ornamental, no qual eles se tornam pontos de referência: Siegfried inclinado sobre a fonte está colocado de tal sorte que sua cabeça se encontra na frente da bétula; ferido, se alçará por um momento diante da mesma bétula[38].

Seria em *Metropolis* (1925-1926) que Fritz Lang exibiria sua maior dívida ao expressionismo, embora a influência de Max Reinhardt ainda fosse marcante. Lang adquirira, com o teatro de Reinhardt, um grande conhecimento de como trabalhar com jogos de luz associados a grandes cenários. Isto já ficara claro em *Os Nibelungos*. Agora, em *Metropolis*, utilizaria mais influências, como os coros expressionistas, para trabalhar com multidões de figurantes.

A simetria de *A Morte de Siegfried* [primeira parte de *Os Nibelungos*] produz um ritmo lento, inexorável, como a fatalidade que paira sobre esta epopeia bárbara. Mas quando se trata de dirigir as multidões de *Metropolis*, o ritmo torna-se dinâmico. Além do espírito de observação, Lang tem o dom de assimilar o que viu de modo muito pessoal: Max Reinhardt dirigindo suas tropas de figurantes na ampla arena dos "Grosses Schauspielhaus", as manifestações do teatro expressionista e do teatro de Piscator – a aglomeração dos corpos, a *Ballung* dos *Sprechhöre* [coros falados] e os desdobramentos das massas nos inúmeros andaimes da cena. A multidão dos *Sprechhöre* tornava-se uma massa compacta e escura, muitas vezes quase amorfa, submissa a um movimento pesado e automático do qual, a intervalos ritmados, se destacava uma personagem, uma espécie de corifeu do coro, como nas tragédias gregas. Para Piscator, imbuído da encenação russa, o homem anônimo dos expressionistas fazia parte de uma coletividade, seu corpo exprimia uma vontade palpitante e contida. Diretor por excelência num século devotado à técnica e a uma concepção essencialmente construtiva, Piscator chegava mesmo a transformar o figurante em elemento arquitetônico antes de projetá-lo de novo num arremesso de preferência cuneiforme, sozinho ou junto com a massa dos outros corpos. Primava em fazer o figurante ficar inclinado, em mantê-lo numa posição de tensão exaltada, semelhante à que almejavam os diretores expressionistas, dos quais se distinguia sobretudo por não evitar absolutamente os movimentos transitórios. [...] Para descrever as massas dos habitantes da cidade subterrânea de *Metropolis*, Lang utilizou com felicidade a estilização expressionista: seres privados de personalidade, com ombros arqueados, acostumados a baixar a cabeça, submissos antes de lutar, escravos vestidos com roupas sem época. Notemos a estilização extrema durante a troca de turnos e o encontro de duas colunas que andam num passo ritmicamente marcado. Ou ainda o bloco de operários amontoados nos elevadores, sempre de cabeça baixa, sem existência pessoal. Os cubos das casas, dispostas em ângulos, as fileiras uniformes de

38. *Idem*, p. 109.

janelas ou algumas portas oblíquas, diante das quais há sempre o mesmo número de degraus, reforçam a monotonia da cidade subterrânea; as *Mietkasernen* (habitações populares semelhantes a casernas) compõem um fundo perfeitamente adequado à distribuição mecânica das massas sem individualidade. As câmeras de Freund ou de Rittau irão tomá-las enquanto atravessam o pátio onde se dará, a seguir, a célebre cena da inundação. E eis que massas se desdobram num escalonamento que segue as regras dos coros expressionistas: evoluem em várias divisões, retangulares ou romboidais, cuja absoluta nitidez de contorno nunca será perturbada por um movimento individual[39].

Outro trecho de *Metropolis* em que a influência do expressionismo mostra-se marcante é no Jardim dos Eternos Prazeres.

Assim que o expressionismo desaparece, as paisagens suaves naufragam no mau gosto, no empolamento nobre. Lang se deu conta disso e volta ao expressionismo para compor o jardim dos ricos em *Metropolis*, que lembra, infelizmente mais que o necessário, o de *Genuine*, todo em volutas e cheniles. A realização da paisagem expressionista exige, aliás, maior delicadeza para se alcançar bom termo do que a simples abstração arquitetônica. Nenhum outro filme conterá aquela sobriedade de *Caligari*, adquirida tão simplesmente com árvores chatas e atalhos, cujo delineamento variado chegava mesmo a dar uma impressão de cor[40].

Em termos de interpretação, *Metropolis* também apresentaria características expressionistas, porém utilizada de modo consciente em função de traços da personagem que se gostaria de ressaltar. Lotte Eisner friza este aspecto do filme fornecendo dados sobre a interpretação do ator expressionista:

Se substituirmos a dicção pela mímica do ator de cinema, iremos obter aquelas expressões e aqueles gestos sem transição, sem nuanças intermediárias, os movimentos abruptos e ásperos, bruscamente galvanizados, interrompidos em pleno curso, que compõem o registro habitual do ator expressionista. Os alemães, que tanto apreciam os pontos de exclamação, fatalmente têm que gostar dos gestos inacabados; a pantomima cinematográfica perde, assim, a flexibilidade da *commedia dell'arte*. Dela conserva apenas a aptidão para o improviso caleidoscópico, o que faz o filme expressionista ir ainda mais longe, neste sentido, que o "teatro extático". Inscritos na película, os gestos adquirem uma integridade definitiva. Eis porque, mesmo em 1926, quando o expressionismo já parece

39. *Idem*, pp. 151-153.
40. *Idem*, p. 108.

81

ultrapassado, num filme como *Metropolis*, Klein-Rogge, no papel do inventor-feiticeiro, terá ainda aqueles movimentos entrecortados e aquela gesticulação de fantoche. Não é absolutamente, como se supôs, com o fito de revelar a loucura de uma personagem exaltada, pois Brigitte Helm, no papel da verdadeira Maria, para exprimir a dor ou o horror faz movimentos bruscos com o corpo, e sua expressão tem mudanças mecânicas que a tornam semelhante à falsa Maria, o robô. Da mesma forma, os operários revoltados apresentam o rosto deformado por esgares selvagens, a boca escancarada, talhada como uma rachadura e privada de expressão natural. Homunculus, em 1916, já possui aquela máscara de desespero feroz, e agita as mãos crispadas[41].

Fritz Lang continuaria fazendo filmes com características expressionistas, os quais, porém, certamente não poderiam ser enquadrados naquilo que caracterizamos por um "filme expressionista" típico. Lang em verdade recebia influências de várias fontes e possuía o interesse de, menos do que desenvolver um estilo próprio, adequar um determinado estilo em função da história que se estava contando. É inegável que, como artista vivendo um período de efervescência cultural e intelectual intensa, num ambiente em que vários filmes com características expressionistas eram realizados, ele haveria de apresentar traços de influência do movimento artístico. Sobretudo, o mais importante a ressaltar quanto a Lang é sua eterna atenção com relação a tudo que colocasse em cena, atento aos mínimos detalhes, o que resultará serem os seus trabalhos produto de variadas influências.

41. *Idem*, p. 100.

Alfred Abel e Rudolf Klein-Rogge em Metropolis,
de Fritz Lang.

*Fritz Lang acerta a aparência de Alfred Abel
em* Metropolis.

Alfred Abel e Rudolf Klein-Rogge em Metropolis, de Fritz Lang.

Gustav Fröhlich e Brigitte Helm, de Alfred Abel em Metropolis.

3. REFLEXÃO TEÓRICA SOBRE O SOM NO CINEMA SONORO

Advento do Cinema Sonoro

Em 1927, o cinema conhece fisicamente o som. Em verdade, buscava-se o advento do som no cinema desde sua invenção.

Os filmes falados não eram novidade. O cinema já balbuciara algumas palavras nos laboratórios Edison, em 1889. Lumière, Méliès, outros ainda, haviam ingenuamente sonorizado filmes, fazendo pronunciarem-se palavras atrás da tela. Durante os dez primeiros anos do século, os esforços de Joly e Gaumont, na França, foram coroados de êxito. O mesmo aconteceu na América do Norte (Edison, Actophone), na Inglaterra (Hepworth, Lauste, Williamston), nos países escandinavos (Magnussen, Poulsen) etc. [...] Em desespero de causa, a Western dirigiu-se aos Irmãos Warner, cuja companhia, bastante secundária, acabara de comprar, ao mesmo tempo que os resquícios da velha Vitagraph, um modesto circuito de cerca de quinze cinemas. Os produtores ficaram seduzidos por um processo que lhes permitia substituir as orquestras dos seus cinemas por alto-falantes. Nos seus primeiros filmes, a sonorização Vitaphone limitou-se a música e ruídos.

[...] Reunindo seus últimos capitais, os Warner contrataram Al Jolson [*sic*], célebre ator de *music-hall*, e encarregaram o obscuro Alan Crossland de dirigi-lo. O roteiro, vagamente aparentado com o *Baruch* de Dupont, contava como um pobre cantor judeu alcançava a glória, bom pretexto para rechear o filme com músicas e canções de êxito. O filme foi um triunfo. Ante tais resultados, Hollywood põe-se em busca de patentes sonoras[1].

De fato, são várias as tentativas de se colocar o som junto à imagem. Vários experimentos, várias invenções são testadas até a chegada do Vitaphone. Seu funcionamento era simples:

Um sistema de sincronia mecânica entre um projetor de imagens, com velocidade de 24 quadros por segundo, ligado por cabos a um fonógrafo que reproduzia um disco de vinil de 16 polegadas a 33 1/3 rotações por minuto (suficiente para um rolo de 10 minutos) com uma resposta de frequência de 50 a 5.500 Hz. O fonógrafo, por sua vez, era conectado a um amplificador e este, a caixas acústicas[2].

As alterações que a introdução do som provoca até mesmo para a filmagem são grandes. O efeito mais conhecido talvez seja o fim da carreira de alguns atores, cujas vozes eram fracas ou ruins, contrastando com a imagem de galã. Mesmo

---

1. Georges Sadoul, "O Advento do Cinema Falado", em *História do Cinema Mundial*, vol. I.
2. Eduardo Simões dos Santos Mendes, *A Trilha Sonora nos Curta-Metragens de Ficção Realizados em São Paulo entre 1982 e 1992*, Dissertação de Mestrado apresentada junto à ECA-USP, p. 13.

os estúdios de filmagem tiveram de ser radicalmente modificados para isolamento de ruídos externos e para comportar microfones e gravadores que no princípio eram gigantescos. Inicialmente, os microfones eram fixos, as câmeras barulhentas tinham de ser colocadas em cabines blimpadas, à prova de som, para os planos com diálogo, o que impedia movimentos de câmera. Um longo processo teve de ser percorrido até se chegar a uma filmagem que agradasse a todos[3].

Posicionamento de microfone em estúdio nos primórdios do som.

---

3. Para mais detalhes e histórias sobre as alterações nas filmagens, ler Edward Bernds, *Mr. Bernds Goes to Hollywood*. Ed Bernds foi um dos pioneiros em gravação de som nos estúdios americanos, tendo sido o responsável pela gravação do som de todos os filmes de Frank Capra.

Alain Masson discute o que teria levado ao advento do cinema sonoro. Embora reconheça que vários aspectos estariam envolvidos (como a hipótese econômica envolvendo a Warner Bros., ou mesmo a hipótese de que o cinema "mudo" já teria atingido sua plenitude, ou de que seria uma arte pura e completa), Masson discute tal advento também como decorrência natural, como se a necessidade da presença física do som se mostrasse presente desde a invenção do cinema, por estar ligada à necessidade própria do ser humano de plena identificação.

Nós não paramos o progresso e a máxima lhes parecia tão verdadeira que eles [o público da época] estimavam inútil repeti-la. É que o público não julga, ele compreende: a expressão linguística lhes parece natural, não porque ela o é, mas porque ela subverte um artifício. [...] Progresso evidente? Sim, para todos aqueles que sabem que o cinema é, a partir daquele momento, uma arte narrativa destinada a invocar a experiência humana na sua totalidade[4].

Nos primórdios do cinema sonoro, percebemos um momento de consternação e apreensão ante o novo advento. A produção inicial centra-se maciçamente nos *talking films*, filmes repletos de diálogo, tendo claramente a preocupação de mostrar ao espectador o novo recurso. Além disso, os filmes preocupam-se em reproduzir todos os ruídos presentes em cena, indiscriminadamente, sem critério de seleção (às vezes reproduzindo até mesmo o ruído das barulhentas câmeras durante a filmagem). Por um instante, o cinema aproxima-se do teatro e dos dramas "cultos", cheios de diálogo.

O público logo acolheu com entusiasmo a novidade, apesar de muitas das maiores personalidades do cinema (críticos e diretores) manifestarem ceticismo ou hostilidade. "Os *talkies*?", declarou Chaplin, "podem dizer que os detesto! Eles vão acabar com a arte mais antiga do mundo, a arte da pantomima. Aniquilam a grande beleza do silêncio". As reservas feitas por René Clair foram bem mais ponderadas, e o futuro iria em breve mostrar que o autor de *História de um Chapéu de Palha/Un chapeau de paille d'Italie* (1927) era perfeitamente capaz de dominar a técnica sonora: "Importa acima de tudo", dizia ele, "buscar ações inteiramente compreensíveis pela imagem. A palavra deve ter apenas um valor emotivo, permanecendo o cinema uma expressão internacional

4. Alain Masson, *op. cit.*, pp. 15-16.

falada por imagens. A linguagem de cada povo lhe dará simplesmente uma coloração musical"[5].

Filmes anunciando a nova atração, o som.

Refletindo sobre o Papel do Som dentro do Filme

Começava a ficar muito claro, por esses textos e pelas reações aí expressas, a transição não muito fácil de um período para outro. Tal preocupação reflete-se no que se refere ao conceito do som no cinema, seu uso segundo uma diretriz, sobre como poderia encaixar-se na narrativa fílmica de uma maneira mais adequada. A reação de consternação com o novo advento, por parte de alguns realizadores, é muito sintomática. Nota-se um claro temor quanto ao uso indistinto e redundante do som e quanto à aproximação do cinema dos textos teatrais e encenações teatralizadas, nos quais a palavra tem maior importância ("dramas de alta literatura e outras tentativas de teatralização na tela"). Alguns estudos e manifestos começam a surgir, discutindo a questão. Eisenstein, Pudovkin e Alexandrov publicam um famoso manifesto[6], no qual afirmam que, se o som continuasse a ser usado

---

5. Marcel Matin, *op. cit.*, pp. 108-109.
6. S. M. Eisenstein, V. I. Pudovkin & G. V. Alexandrov, "A Statement", em Elisabeth Weis & John Belton, *Film Sound – Theory and Practice*, pp. 83-85.

daquela forma, contrariando toda contribuição feita anteriormente através do conceito de montagem, isso causaria a morte do cinema. Assim, sugerem o uso "não coincidente" de som e imagem, já prevendo as novas possibilidades trazidas pelo novo advento. Para efeitos do nosso estudo, o simples fato dos três autores reconhecerem a preocupação com a plena expressão no cinema "mudo", refletida nos avanços obtidos com a imagem, indica uma forma de expressão da qual o som já fazia parte, ou seja, o elemento sonoro estava sendo trabalhado anteriormente na época "muda". O que se obteve, naquele momento, foi uma equivalência. O simples fato de reproduzir o som agora, porém sem qualquer critério, indicava uma involução.

Num texto datado de 1929, de autoria de René Clair[7], encontramos a reflexão de um cineasta profundamente preocupado e ao mesmo tempo visionário, sem perder as esperanças em relação às possibilidades com o advento do som. Traçando um panorama das mudanças operantes naquele momento, René Clair fala do avanço dos *talking films* como tendência preponderante e irreversível, com certo ar de assombro diante de um processo rapidamente desenvolvido e que chama de "invasão bárbara":

> Por enquanto, os filmes falados tornaram-se um dos maiores empreendimentos comerciais de nossa época, para o qual bancos e companhias de utilidade pública com interesses em escala imperial associaram seu destino. Tantos milhares de dólares foram investidos nesse negócio a partir de agora que todo e qualquer meio será usado para garantir seu sucesso. O filme falado existe, e aqueles céticos que profetizam um reinado curto para ele morrerão eles próprios bem antes que esteja acabado. É muito tarde para aqueles que amam a arte das imagens em movimento deplorarem os efeitos desta invasão bárbara. Tudo que eles podem fazer é diminuir suas perdas[8].

Analisando os *talking films*, Clair relata a estranha impressão que tais filmes começam a provocar na medida em que reproduzem todos os sons e exageram no diálogo. O cinema

---

7. René Clair, "The Art of Sound", em Elisabeth Weis & John Belton, *op. cit.*, pp. 92-95.

8. *Idem*, p. 92.

90

aproxima-se do teatro nesse momento. Clair fala inclusive sobre "o perigo representado pelo advento dos *talkies*":

Se existe uma concordância quase que universal a respeito das vantagens do acompanhamento musical em ralção às improvisações de uma orquestra de cinema, as opiniões variam no que diz respeito aos ruídos acompanhando a ação. A utilidade de tais ruídos é sempre questionável. Se, a uma primeira audição, eles são surpreendentes e entretêm, rapidamente se tornam cansativos[9].

A conclusão a que Clair chega é surpreendente:

Após termos ouvido alguns filmes sonoros, e o primeiro elemento de surpresa já passou, somos levados à inesperada descoberta de que o mundo dos ruídos parece bem mais limitado do que pensávamos...[10]

Começa-se a perceber claramente as limitações que o uso indiscriminado e meramente ilustrativo do som pode trazer ao cinema. Muito embora o som possa enriquecer o cinema e trazer-lhe maior "realidade", um som associado a uma imagem pode restringir sua leitura, limitar o seu significado (fato, aliás, para o qual já nos alertara Michel Chion). E, ao mesmo tempo em que nos deparamos com limitações, podemos vislumbrar inúmeras possibilidades de uso "inteligente" do som em associação com as imagens. Eisenstein, Pudovkin e Alexandrov traçam tal percurso, começando por reconhecer as limitações durante o cinema "mudo" e as tentativas de peripécias, com o fundamental apoio da montagem, para expressar suas ideias num período em que o som não era expresso fisicamente.

As complexidades de tema e história tornam-se maiores a cada dia; tentativas de solucioná-las somente por métodos de montagem "visual" conduziram a problemas insolúveis ou forçaram o diretor a recorrer a estruturas de montagem imaginativas, levando ao medo da eventualidade de não se obter o significado e de decadência reacionária. [...] É sabido que o meio básico (e único) que trouxe ao cinema uma força efetivamente poderosa foi a MONTAGEM. A afirmação da montagem, como meio principal de efeito, tornou-se um axioma incontestável sobre o qual a cultura mundial do cinema se construiu. O sucesso dos filmes soviéticos nas telas do mundo é devido, em alto grau, àqueles métodos de montagem que eles primeiro

9. *Idem, ibidem.*
10. *Idem, ibidem.*

revelaram e consolidaram. Portanto, para um maior desenvolvimento do cinema, os momentos importantes serão somente aqueles que fortalecerem e ampliarem os métodos de montagem que atinjam o espectador. Examinando cada nova descoberta deste ponto de vista, é fácil mostrar a insignificância da cor e do filme estereoscópico em comparação com a vasta significância do SOM[11].

A partir dessa premissa, os três autores estabelecem parâmetros para se pensar o uso do som no cinema, considerando quais os impasses passíveis de existir e quais caminhos possibilitam um desenvolvimento, sempre considerando a montagem como elemento central e específico do cinema. A proposta do manifesto adquire um caráter até visionário, traçando um percurso, desde as primeiras tentativas de uso do som que viriam a ser feitas, até um uso mais consciente e metódico, como única e inevitável possibilidade de incorporação do novo recurso cinematográfico.

A gravação do som é uma invenção de duas extremidades, e é mais provável que seu uso proceda ao longo da linha de menor resistência, isto é, a linha de *satisfação da simples curiosidade*. Primeiramente haverá exploração comercial da mercadoria mais vendável, FILMES FALADOS. Aqueles nos quais a gravação de som ocorrerá num nível naturalista, correspondendo exatamente ao movimento na tela e proporcionando uma certa "ilusão" de pessoas falando, de objetos audíveis etc. Um primeiro período de sensações não prejudica o desenvolvimento de uma nova arte, mas é o segundo período que é temível neste caso, um segundo momento que tomará o lugar da virgindade e pureza desvanecedoras dessa primeira percepção das novas possibilidades técnicas, e que irá se acentuar numa época de sua utilização automática para "dramas altamente cultos" e outras performances fotografadas de estilo teatral.

Dessa forma, o uso do som irá destruir a cultura da montagem, pois toda ADESÃO de som a um trecho de montagem visual aumenta sua inércia como trecho de montagem, e aumenta sua independência de significado – e isto sem dúvida dar-se-á em detrimento da montagem, operando em primeiro lugar não nos trechos de montagem mas em sua JUSTAPOSIÇÃO. SOMENTE UM USO CONTRAPONTUAL do som em relação ao trecho de montagem visual proporcionará uma nova potencialidade de desenvolvimento de perfeição da montagem. O PRIMEIRO TRABALHO EXPERIMENTAL COM SOM DEVE SER DIRECIONADO PARA SUA LINHA DE NÃO-SINCRONIZAÇÃO COM

---

11. S. M. Eisenstein, V. I. Pudovkin & G. V. Alexandrov, *op. cit.*, pp. 83-84. Em maiúsculas no original. Tradução minha.

92

AS IMAGENS VISUAIS. E somente tal investida dará a palpabilidade necessária, que conduzirá mais tarde à criação de um CONTRAPONTO ORQUESTRAL de imagens visuais e auriculares.

Esta nova descoberta técnica não é um momento acidental na história do cinema mas um caminho orgânico saído de uma série de impasses que pareciam perdidos para a vanguarda cinematográfica culta. O PRIMEIRO IMPASSE é o subtítulo e todas tentativas em vão de ligá-lo à composição da montagem, como partes da montagem (tais como quebrá-lo em frases ou mesmo palavras, aumentar ou diminuir o tamanho do tipo usado, empregando movimento de câmera, animação e assim por diante). O Segundo Impasse são os trechos Explanatórios (por exemplo, certos *close-ups* inseridos) que sobrecarregam a composição da montagem e retardam o tempo.

O som, tratado como um novo elemento de montagem (como um fator divorciado da imagem visual), inevitavelmente introduzirá novos meios de grande poder para expressão e solução das tarefas mais complicadas que hoje nos oprimem com a impossibilidade de superá-los através de um método fílmico imperfeito, trabalhando somente com imagens visuais[12].

Vários aspectos merecem ser abordados com relação ao texto anterior. Primeiro, retomando brevemente nosso estudo sobre o cinema "mudo", encontramos aqui uma confirmação da recorrência aos recursos visuais para a plena expressão de ideias, sempre com o amparo da montagem. Ou seja, uma gramática foi criada e desenvolvida para abranger todas as possibilidades de expressão necessárias. O texto em tela reforça a necessidade de, muitas vezes, imaginar-se soluções para certas necessidades, correndo-se o risco de não ser compreendido ou, por outro lado, de cair numa estruturação reacionária, "decadente". Os impasses colocados – explícitas referências a desejos de expressão sonora – podem ser vistos como dois claros exemplos: o primeiro, para se trabalhar com o subtítulo como componente da montagem fílmica, e não algo alheio, processavam-se recursos variados, como aumento de tamanho, animação etc., integrando-os ao filme; e o segundo, o recurso do *close-up*, necessário muitas vezes para justificar algo, ou mesmo no nosso caso, para indicações sonoras.

Com o exposto, volta-se à ideia do som surgindo como decorrência quase que natural do cinema "mudo", como necessidade. E, para cineastas como Eisenstein ou René Clair, o

---

12. *Idem*, pp. 84-85. Os grifos e as maiúsculas são do original.

som deve contribuir especificamente para as carências encontradas anteriormente. Contrários ao uso indiscriminado do som, redundante e cansativo, nos *talking films* que proliferam quando do advento do som, eles procuram um uso criativo e coerente, dentro de uma conceituação que vinha se desenvolvendo desde os primórdios do cinema. É assim que se chega à necessidade de o som incorporar-se à montagem, existindo como elemento da montagem, divorciado da imagem visual. Aplicando os termos de Eisenstein, o som ajudaria a construir a emoção. A utilização do som em sincronia com a imagem, por outro lado, também já mostrara algumas de suas potencialidades, possibilitando novos recursos[13].

O Som Encontra o Seu Papel

Em meio à profusão dos filmes falados repletos de ruídos e diálogos, René Clair começa a vislumbrar as possibilidades do novo advento, ao distinguir entre os filmes falados e os filmes sonoros, que usam alguns critérios na seleção dos sons empregados:

O filme falado não é tudo. Existe também o filme sonoro – no qual residem as últimas esperanças dos defensores do cinema mudo. Eles contam com o filme sonoro para afastar o perigo representado pelo advento do falado, num esforço para convencê-los de que os sons e ruídos que acompanham o filme podem mostrar-se suficientemente agradáveis para a plateia, de modo a evitar que ela peça mais diálogos, e poder criar uma ilusão de "realidade" menos danosa para a arte do que o filme falado. [...] Devemos aqui estabelecer uma distinção entre aqueles efeitos sonoros que são divertidos somente pela virtude de sua novidade (que logo se esvai), e aqueles que nos ajudam a entender a ação, e que excitam emoções que não poderiam ter sido levantadas somente pela visão das imagens. O mundo visual, quando do nascimento do cinema, parecia deter uma promessa incomensuravelmente mais rica... Entretanto, se a *imitação* de ruídos reais parece limitada e desapontadora, é possível que uma *interpretação* possa ter muito mais futuro. Desenhos animados sonoros, utilizando ruídos "reais", parecem apontar para possibilidades interessantes[14].

---

13. A esse respeito, Alain Masson tece alguns comentários, ressaltando a importância do som em sincronia e não somente em contraponto. *Op. cit.*, p. 20.

14. René Clair, *op. cit.*, p. 93 (grifos e marcações sublinhadas no original).

A distinção proposta por René Clair entre "imitação" pura e simples e "interpretação" dos ruídos, aponta para um novo pensamento que começa a se desenvolver em relação ao papel do som no cinema, agora que ele se mostra como possibilidade concreta. E isso se dá justamente quando associamos a ideia de Clair às colocações de Eisenstein e seus colegas, percebendo a necessidade de o som associar-se também ao conceito de montagem, recurso específico do cinema. Começa a partir de então a desenvolver-se o conceito de edição sonora, trabalhando-se criteriosamente em cima dos ruídos e demais elementos sonoros, valorizando-se os principais, aqueles que acrescentem algo à ação. Daí a importância da diferenciação proposta por René Clair, estabelecendo uma distinção entre os ruídos imitativos, colocados simplesmente por um critério de novidade e entretenimento, e os ruídos que contribuem para o desenrolar da ação e que trabalham para a operação de um determinado efeito.

Procurando ampliar o seu raciocínio sobre a aplicação do som no cinema, Eisenstein desenvolve a teoria da polifonia, partindo do conceito de montagem vertical. O ponto de partida é, além do conceito de montagem, a equivalência do cinema com a música (leia-se orquestra).

Não há diferença fundamental quanto às abordagens dos problemas da montagem puramente visual e da montagem que liga diferentes esferas dos sentidos – particularmente a imagem visual à imagem sonora – no processo de criação de uma imagem única, unificadora, sonoro-visual[15].

Reforçado o princípio da montagem como específico do cinema, tanto no período "mudo" quanto no sonoro – como havíamos visto no manifesto –, o próximo passo é estabelecer a relação com a música, a qual se dará num nível horizontal e vertical, e que ajudará numa prática mais intrínseca de aplicação do som ao cinema sonoro.

Todos estão familiarizados com o aspecto de uma partitura orquestral. Há várias pautas, cada uma contendo a parte de um instrumento ou de um grupo de instrumentos afins. Cada parte é desenvolvida horizontalmente. Mas a estrutura vertical não desempenha um papel menos importante, interligando todos os elementos da orquestra dentro de cada unidade de

15. Sergei Eisenstein, *op. cit.*, p. 52.

tempo determinada. Através da progressão da linha *vertical*, que permeia toda a orquestra, e entrelaçado horizontalmente, se desenvolve o movimento musical complexo e harmônico de toda a orquestra.

Quando passamos desta imagem de partitura orquestral para a da partitura audiovisual, verificamos ser necessário adicionar um novo item às partes instrumentais: este novo item é uma "pauta" de imagens visuais, que se sucedem e se correspondem, de acordo com suas próprias leis, ao movimento da música – e *vice-versa*.

Essa correspondência, ou relação, poderia descrever de igual modo o que ocorre se substituirmos a imagem da partitura orquestral pela estrutura de montagem do cinema mudo.

Para isso, teremos de extrair de nossa experiência do cinema mudo um exemplo de montagem *polifônica*, na qual um plano é ligado ao outro não apenas através de uma indicação – de movimento, valores de iluminação, pausa na exposição do enredo, ou algo semelhante –, mas através de um *avanço simultâneo* de uma série de múltiplas linhas, cada qual mantendo um curso de composição independente e cada qual contribuindo para o curso de composição total da sequência[16].

Eisenstein trabalha, então, os sentidos enquanto essas linhas de composição. O que se obtém é um movimento unificado, no qual os elementos – sons e imagens – relacionam-se dinamicamente, tanto dentro de um único plano, quanto estruturalmente, num nível mais amplo. No caso do cinema "mudo", retomando a ideia citada por Chion, encontramos o recurso da sobreimpressão resultante dessa busca por representação sonora:

Colocando de lado, no momento, nossa discussão sobre relações musicais, analisemos primeiro a solução para a questão da correspondência na montagem do cinema mudo. Aqui o efeito vem não da simples sequência de tiras de filme, mas de sua real *simultaneidade*, que resulta da impressão derivada de uma tira mentalmente sobreposta à tira seguinte. A técnica de "dupla exposição" apenas materializou este fenômeno básico da percepção cinematográfica. Este fenômeno existe nos mais altos níveis da estrutura cinematográfica, assim como no limiar da ilusão cinematográfica, porque "persistência de visão" de um fotograma sobre o fotograma seguinte da tira do filme é que cria a ilusão do movimento cinematográfico. Veremos que uma superposição semelhante ocorre até no *estágio superior* do desenvolvimento da montagem – a montagem audiovisual. A imagem em "dupla exposição" é uma característica tão inerente à montagem audiovisual quanto a todos os outros fenômenos cinematográficos[17].

16. *Idem, ibidem* (grifos no original).
17. *Idem, op. cit.*, p. 55 (grifos no original).

96

Para efeitos do filme sonoro, Eisenstein amplia a sua teoria a níveis mais complexos, chegando ao ponto de tentar derivar uma partitura a partir do desenho do fotograma. Ou seja, uma relação entre forma e conteúdo levada ao extremo, com tentativa de aplicação em *Alexander Nevsky*.

Considerando o aspecto de sincronização (enquanto som e imagem, sentidos de percepção e elementos musicais), Eisenstein dá-nos, em linhas gerais, a sua proposição de relação entre som e imagem:

Ao se combinar imagem e som, pode-se chegar à sincronização que preenche todas essas potencialidades (apesar de isto muito raramente ocorrer), ou ela pode ser construída com base numa combinação de elementos não afins, sem tentar ignorar a dissonância resultante entre os sons e as imagens. Isto ocorre frequentemente. Quando ocorrer, costuma-se explicar que as imagens "existem por si mesmas", que a música "existe por si mesma": som e imagem, cada um corre independentemente, sem se unirem num todo orgânico. É importante ter em mente que nossa concepção de sincronização não presume coincidência. Nesta concepção existem plenas possibilidades para a execução de ambos, "movimentos" correspondentes e não correspondentes, mas em qualquer dos casos a relação deve ser *controlada composicionalmente*. É evidente que qualquer uma dessas abordagens de sincronização pode servir como o fator "principal", determinante da estrutura, dependendo da necessidade. Algumas cenas requerem ritmo como um fator determinante, outras são controladas pelo tom, e assim por diante[18].

Ainda que se discuta a eficiência de aplicações dessa teoria – em casos, por exemplo, como *Alexander Nevsky* –, a polifonia traz embutida, de certa forma, reflexões comuns ao cinema "mudo", mencionadas anteriormente, seja na concepção de uma música especificamente para um filme, seja na articulação de planos de notação sonora. Quanto à instauração do período do cinema sonoro, a teoria da polifonia vai além, procurando um equivalente à ideia de criação de um produto da associação som e imagem, e seguindo a preocupação de utilizar-se o som aliado ao conceito de montagem, aproveitando-se e explorando-se um leque de possibilidades narrativas que se abria.

18. *Idem*, pp. 57-58 (grifos no original).

Fritz Lang e o Som

No momento em que visualizamos o som encontrando seu lugar no cinema, definindo o seu papel dentro do filme, façamos uma primeira incursão em torno do cineasta central deste livro. Retomemos a preocupação de Lang com cada detalhe da composição fílmica. Como nos diz Luiz Nazário:

Lang possuía grande compreensão do cinemático. [...] Para Lang, o silêncio deveria ser expressivo, não havendo sentido em mostrar, como o fazia Michelangelo Antonioni, uma mulher que anda, anda e anda numa rua, o que pode significar qualquer coisa: nesse ir-e-vir não há conteúdo dramático; é preciso consultar um crítico para entender ao que se assistiu. Para Lang, um tal cinema levava o espectador ao conformismo, pela sugestão de que é inútil lutar durante a vida, pois a batalha está de antemão perdida. Nos seus filmes, os personagens lutam até o fim, independentemente do resultado, que nunca é definitivo – se se consegue realizar alguma coisa não há razão para se deter aí, pois a vida não para; deve-se recomeçar sempre. Por isso, a inação deve ser, no cinema, expressiva: Lang observou que, num embate, quando alguém acredita que sua luta chegou ao fim, ou quando está num impasse, ele para por um segundo, sob o efeito do choque. Se num filme um homem que anda de um lado para o outro de repente se imobiliza, o espectador percebe que ele teve uma ideia: no momento em que o personagem recebe o choque, em lugar de correr em círculo como um animal preso numa jaula, ele para. É então que se passa nele algo de violento; o drama traduz-se por uma parada, numa imobilidade cheia de ação. Num de seus filmes, um homem foge da prisão e corre para a liberdade; mas percebe um policial na esquina e para bruscamente, quando o espectador o vê em grande plano. Essa parada só dura um segundo; imediatamente, a reação do homem é dar meia volta e fugir. A ação não é rompida pelo grande plano, porque não é um instante de reflexão que Lang mostra no rosto do ator, mas o choque em si mesmo, o instinto que o faz precipitar-se, no mesmo momento, na direção oposta. Eis por que Lang não o mostra olhando à direita e à esquerda, hesitante, o que seria um tempo morto na ação[19].

É de se esperar que um cineasta com tal atenção aos detalhes e à composição fílmica aproveite o som de forma hábil, como mais uma ferramenta à sua disposição. Para entender a relação de Lang com o som, comecemos pela sua autodefinição

19. Luiz Nazário, "O Expressionismo e o Cinema", em J. Guinsburg (org.), *O Expressionismo*, pp. 520-521.

como sendo uma pessoa visual. Em sua incompleta autobiografia, Lang nos cita, logo de início:

Devo dizer inicialmente que sou uma pessoa visual. Recebo minhas impressões somente pelos olhos e – o que sempre lamentei – jamais ou muito raramente pelo ouvido. Eu amo os cantos populares, mas dez cavalos não conseguiriam me forçar a um concerto ou a uma ópera[20].

Na mesma autobiografia, a forte formação visual – muito relacionada ao desejo do pai em vê-lo arquiteto – e, principalmente, o gosto pela pintura, são ressaltados. Numa biografia não autorizada[21], Patrick McGilligan menciona a dificuldade de Lang em assimilar músicas clássicas, não conseguindo apreciá-las devidamente e preferindo músicas e canções populares ou folclóricas.

Lang disse em mais de uma ocasião que não conseguia se deixar inspirar por música clássica, tendo crescido na mesma cidade que havia abrigado Haydn, Mozart, Beethoven e o nativo Schubert. O diretor chegou ao ponto de dizer a amigos que era ignorante quanto à música; Lang gostava de contar que, quando garoto, foi expulso das aulas de música da Realschule porque não conseguia guardar uma melodia e sempre tocava notas erradas.

"Música é para mim o mesmo que era para Goethe – um ruído agradável", Lang disse em uma entrevista. Seus filmes tinham de levar em conta esta deficiência. Quando se tratava de trilha sonora, ou acompanhamento musical, Lang era forçado – mais do que era característico – a confiar nas opiniões de outras pessoas. Talvez como consequência, o diretor preferia a escassez ou a ausência de música. "Ter um fundo musical para uma cena de amor, por exemplo, sempre me pareceu um engodo", disse Lang uma vez. Este elemento de sensibilidade acrescentou uma qualidade incomum ao seu trabalho; de sua fraqueza, ele criou uma força[22].

Levando-se em conta esses aspectos, como explicar então um trabalho apurado sonoramente, como em *M*, ou mesmo de forma embutida em *Metropolis*, tema da presente pesquisa? Uma primeira consideração a ser feita é que, embora Lang tivesse dificuldades na apreensão de músicas clássicas, isso

20. Lotte Eisner, "Autobiographie de Fritz Lang", *op. cit.*, 1984, p. 13.
21. Patrick Mcgilligan, *Fritz Lang: The Nature of the Beast* (indicações de edição e texto citados a partir da internet, via Amazon Book).
22. *Idem, ibidem* (tradução do autor).

não significa dificuldades quanto à assimilação de elementos musicais, como ritmo, andamento, tempos etc. Outro aspecto importante pode ser ponderado ao traçar-se um paralelo entre a obra de Lang, o expressionismo e o teatro. O diretor não aceitava muito bem a ideia de ser um cineasta expressionista – no sentido de ter o compromisso de fazer um filme com características expressionistas –, nem a suposta influência do teatro de Max Reinhardt. Porém, o próprio Lang concordava que tais influências certamente se expressariam vez ou outra, visto que se tratava de movimentos artísticos do momento, que o envolviam inevitavelmente. No caso da música, mesmo que sua sensibilidade a ela não fosse uma de suas qualidades, isso pouco importava, afinal estamos falando de um cineasta, não de um musicista.

Ao estabelecermos uma relação mais forte com o teatro, podemos aprofundar essa consideração. Tanto em sua autobiografia, quanto nas biografias sobre si próprio, Lang sempre enfatiza sua atenção à produção teatral, em especial o teatro de Reinhardt. Como vimos anteriormente, a produção teatral do período encontra-se no bojo da formação do cinema alemão. Os métodos de trabalho de Lang em muito se assemelham com a preocupação de um dramaturgo, a começar pelo exaustivo trabalho sobre o roteiro, com enorme cuidado acerca de cada detalhe (sem inibir improvisações). O centro de sua atenção sempre foi a ação. Como diz Lotte Eisner:

Cada enquadramento (fixado pelo cineasta, mesmo antes da filmagem, sobre a maquete da cena) depende da ação e a determina. [...] Murnau segue seu porteiro de *O Último dos Homens* colocando sua câmera sobre rodas, posicionando-a ao corpo do operador. A câmera de Pabst, num crescendo dramático, inclina-se sobre a visagem de Louise Brooks como sobre uma cintilante paisagem lunar. Em nenhum lugar percebemos a profunda lógica de Lang tão claramente que nas escolhas de enquadramento, estreitamente ligadas à progressão da ação: *Escrever com a câmera*[23].

Se ação é o eixo da condução do filme, determinando enquadramentos e decupagem, o mesmo princípio guiará a utilização do som e da música. Assim, não é necessário ter-se

---

23. Lotte Eisner, *op. cit.*, 1984, pp. 173-174.

um conhecimento aprofundado de música, nem mesmo ser músico, mas sim saber determinar o momento certo de se colocar o som no filme, como conduzi-lo em associação com a ação. O próprio Lang dá um exemplo ao citar seu entendimento sobre o uso de música numa cena de amor, ou seja, uma reflexão sobre o que diz a ação. Até mesmo improvisações são permitidas, uma vez que a ação esteja clara.

Na prática do *set* de filmagem, a mudança com o advento do som é praticamente nenhuma, como podemos notar pelas notícias de cobertura de *M*:

À exceção evidente do engenheiro de som Adolf Jansen (saído dos laboratórios Siemens, ele regulou os sistemas de gravação Triergon e foi o engenheiro de som responsável pelas produções Nero) e do editor de som Paul Falkenberg (que acaba de trabalhar em *Vampiro*, de Dreyer), Lang trabalha com os mesmos técnicos que já conhecia[24].

Fritz Lang determina com antecedência quais planos serão filmados com som e quais não. De acordo com Bernard Eisenschitz, em 1930, respondendo à pergunta sobre se filmaria ainda um filme "mudo", Lang é categórico: "Não. Porque praticamente a única coisa positiva nos resultados do filme sonoro é um fator negativo: hoje não podemos mais ver as pessoas falarem na tela sem escutá-las simultaneamente"[25].

Chegamos, fundamentalmente, a um ponto comum entre as ideias de Lang (possivelmente arraigadas desde o período "mudo", haja vista a sua formação) e o papel do som no cinema sonoro depois de seu advento, encontrando sua função em conjunção com a imagem.

Gilles Deleuze e o Som no Tempo

Como visão global desses dois períodos da história do cinema, vistos em função da presença e do papel do som dentro do filme, cabe atentarmos para a reflexão de Gilles

---

24. Bernard Eisenschitz, "La production, le tournage" em *Cinémathèque Française, le Maudit*, pp. 29-30. Tradução minha.

25. *Idem*, pp. 25-26.

Deleuze, teórico capital que sintetiza eficazmente a presença (oculta) do som já dentro do conceito cinema. Os conceitos inicialmente trabalhados pelos teóricos que se debruçaram sobre o novo aparato cinema centravam-se, quase sempre, sobre a questão de profundidade e movimento, ligados sempre a um ponto comum que era a impressão de realidade. Munsterberg, por exemplo, dissecando o novo aparato, estuda como a ilusão de profundidade e o movimento contínuo a partir da projeção de fotogramas estáticos chegam até o espectador como uma mistura de fato e símbolo, e não como fatos concretos. Béla Balázs, sob um ponto de vista correlato, insiste na identificação do espectador com a realidade vista na tela. Da mesma forma, Deleuze, trabalhando com os conceitos básicos envolvidos no conceito cinema, parte do fato comum, qual seja, o transcorrer do movimento num espaço e num tempo, para entender a presença do som no cinema desde o filme "mudo".

O movimento no espaço exprime um todo que muda, um pouco como a migração dos pássaros exprime uma variação das estações. Por toda a parte em que o movimento se estabelece entre as coisas e pessoas, uma variação ou mudança se estabelece no tempo, quer dizer, num todo aberto que os compreende e no qual elas mergulham. Vimos, antes: a imagem-movimento necessariamente é expressão de um todo, e nesse sentido forma uma representação indireta do tempo. É por isso mesmo que a imagem-movimento tem dois extracampos: um relativo, segundo o qual o movimento que se refere ao conjunto de uma imagem continua ou pode continuar num conjunto mais vasto e de mesma natureza; o outro, absoluto, segundo o qual, o movimento, seja qual for o conjunto no qual é considerado, remete a um todo mutante que ele exprime. Segundo a primeira dimensão, a imagem visual encadeia-se com outras imagens. Segundo a outra dimensão, as imagens encadeadas interiorizam-se no todo, e o todo exterioriza-se nas imagens, ele próprio mudando ao mesmo tempo que as imagens se movem e se encadeiam. Claro, a imagem-movimento não tem apenas movimentos extensivos (espaço), mas também movimentos intensivos (luz) e movimentos afetivos (a alma). Mas o tempo, enquanto totalidade aberta e mutante, ainda ultrapassa todos os movimentos, até mesmo as mudanças pessoais da alma ou movimentos afetivos, embora não possa dispensar estes ou estas. É portanto captado pela representação indireta, já que não pode dispensar as imagens-movimento que exprime, e no entanto ultrapassa todos os movimentos relativos, forçando-nos a pensar um absoluto do movimento dos corpos, um infinito do movimento da luz, um sem-fundo do movimento das almas: o sublime. Da imagem-movimento ao conceito vivo, e o trajeto inverso... Ora, tudo isso já valia para o cinema mudo. Se perguntarmos agora o que a música de cinema acrescenta, os elementos da resposta começam a se esboçar. Sem dúvida, o cinema mudo comportava música, improvisada ou programada. Esta música, porém, estava submetida a uma certa necessidade de *corresponder* à imagem visual, ou de servir a fins descritivos, ilustrativos, narrativos, agindo como uma forma de intertítulo. Quando o cinema se torna sonoro e falado, a música é de certo modo liberta, e pode desenvolver-se amplamente[26].

Em seguida, Deleuze ainda cita Balázs, dizendo: "O filme falado rejeita a música de programa"[27]. Anteriormente, ao analisarmos a relação entre música e cinema "mudo", chegamos exatamente ao ponto em que o filme não podia prescindir de uma música composta especificamente para ele. Sofrendo restrições de ordem prática, o filme até poderia ser inspirado por ritmos musicais, apresentar características semelhantes às de uma música ou mesmo ter uma partitura composta especificamente para acompanhá-lo – caso de Griffith –, mas o filme necessitava estar pronto para existir sem qualquer música (ou com uma improvisação que fosse). Para nós, o que importa é a inerência do som ao cinema, desde sua época "muda". Como coloca Deleuze, tal qual o movimento e o espaço, estendendo--se aos demais componentes da imagem cinematográfica (luz, movimentos da alma etc.), a música apresenta a característica, desde o cinema "mudo", de se desenvolver no tempo, relacionando-se duplamente com um tempo relativo ao filme. Ou seja, a imagem e seus componentes desenrolam-se num tempo absoluto, maior, mas ao mesmo tempo as imagens encadeadas estabelecem um tempo inerente ao filme, interiorizado. Daí o movimento em mão dupla, o conceito de imagem-movimento passando de uma dimensão mais ampla, absoluta, para uma dimensão relativa, interior ao filme, e vice-versa. Características próprias ao cinema enquanto conceito, proporcionando ferramentas tais como as que encontramos em Munsterberg, enquanto decupagem e montagem.

26. Gilles Deleuze, *op. cit.*, pp. 281-282.
27. *Idem*, p. 282. Remeto à nota n. 25 do citado texto.

A temporalidade, no que diz respeito ao cinema, por si só possibilita um estudo amplo e mais aprofundado. Alain Masson, ao analisar as práticas usadas pelo cinema "mudo", tece uma comparação com a literatura quanto à maneira de lidar com a apresentação de fatos e emoções:

> A temporalidade não se reduz à enumeração cronológica dos fatos: ela supõe esperas e adventos. A revelação progressiva do que está por vir é a maneira pela qual o porvir se produz efetivamente[28].

Trabalhando com o tempo, o cinema adquire uma série de possibilidades narrativas, exercitando aquilo que Masson chama de recuperação e representação da emoção.

Porém, qual a característica fundamental da imagem na época do cinema "mudo", qual o seu estatuto? Segundo Deleuze, na época do cinema "mudo" a imagem era dotada de uma naturalidade que lhe era intrínseca: tomávamos os elementos visuais por naturais, por "verdadeiros". A imagem "falava" por si só, era como que "genuína", aceita imediatamente. Em nenhum momento questionamos o que ela transmite:

> A imagem muda é composta pela imagem que é vista, e pelo intertítulo, que é lido (segunda função do olho). O intertítulo compreende, entre outros elementos, os atos de fala. Estes, sendo escriturais, passavam para o estilo indireto [...], adquiriam uma universalidade abstrata e exprimiam, de certo modo, uma lei. Enquanto a imagem vista conservava e desenvolvia alguma coisa natural, encarregava-se do aspecto natural das coisas e dos seres. [...] O cinema mudo sempre mostrou a civilização, a cidade, o apartamento, os objetos de uso, de arte ou de culto, todos os artefatos possíveis. Todavia ele lhes comunica uma espécie de naturalidade, que parece ser o segredo e a beleza da imagem muda. Até mesmo os grandes cenários, enquanto tais, possuem uma naturalidade que é só deles. Até mesmo os rostos adquirem o aspecto de fenômenos naturais, conforme a observação de Bazin a propósito de *O Martírio de Joana D'Arc*. A imagem visual mostra a estrutura de uma sociedade, sua situação, seus lugares e funções, as atitudes e papéis, as ações e reações dos indivíduos, em suma, a forma e os conteúdos. E, é verdade, ela envolve de tão perto os atos de fala que pode nos fazer ver as lamentações dos pobres ou o grito dos revoltados. Mostra a condição de um ato de fala, suas consequências imediatas e até sua fonação. Mas o que ela atinge,

---

28. Alain Masson, *op. cit.*, p. 50.

assim, é a natureza de uma sociedade, a física social das ações e reações, a física mesma das palavras. [...] Em suma, no cinema mudo em geral, a imagem visual é como que naturalizada, na medida em que nos dá o ser natural do homem na História ou na sociedade, enquanto o outro elemento, o outro plano que se distingue tanto da História quanto da Natureza, entra num "discurso" necessariamente escrito, isto é, lido, e posto em estilo indireto[29].

Pode-se dissecar, aqui, um movimento em mão dupla com relação a esse estatuto da imagem e o cinema "mudo": na medida em que este persegue formas de expressão plenas, sem limitações, ele cria um universo próprio. Surge uma imagem mais elaborada, também ela mais plena ou natural, como diz Deleuze, recorrendo-se aos intertítulos somente quando fundamental. Ao mesmo tempo, uma imagem visual vista e tida como naturalizada colabora para uma expressão plena por parte do cinema. Com relação aos intertítulos ou o recurso à palavra escrita em geral, Deleuze tem um entendimento mais abrangente, mais próximo ao de Masson, e menos "preconceituoso" do que aquele que encontramos em Martin, por exemplo, que fala sobre os intertítulos como uma "praga". Trabalhando com a segunda função do olhar, entrando num discurso necessariamente escrito/lido e em estilo indireto, o intertítulo opera um entrelaçamento entre imagem vista e imagem lida. Exemplos de uso criativo dos intertítulos são encontrados ao longo da história do cinema "mudo". Citamos anteriormente o exemplo de *A Mulher na Lua*, de Lang, para representar o percurso do som de um lugar a outro. *O Gabinete do Dr. Caligari* (1919, Robert Wiene) é outro exemplo, quando o Dr. Caligari enlouquece e é perseguido pela frase "Eu sou o Dr. Caligari", que aparece escrita por todos os lugares ao seu redor. Além desses, são conhecidos os usos criativos de Eisenstein quanto a intertítulos. Em *Outubro*, as palavras de ordem aumentam de tamanho em intertítulos curtos, rápidos, num ritmo frenético, indicando o início da revolta. O mesmo encontramos em *Metropolis*, de Fritz Lang, quando Maria narra a lenda de Babel: o início da revolta é introduzido por cartelas onde

29. Gilles Deleuze, *op. cit.*, pp. 267-268.

se lê "Babel" com tipos reluzentes, com sangue escorrendo das letras, em cortes rápidos, aumentando diante da tela. Na mesma linha, quando Freder depara-se com a visão de Maria (na verdade o robô) com seu pai, Joh Fredersen, seu pesadelo é um exemplo de articulação de recursos gráficos, trucagens e montagem. Cartelas com animação são misturadas a planos em que temos trucagens, intercalados num ritmo frenético, expressando claramente a ideia de pesadelo. O cinema "mudo" busca, com todos os seus recursos, uma plenitude de expressão. Nesse processo, pode-se dizer que a expressão plástica, visual, alcança uma plenitude de desenvolvimento até para suprir a necessidade de uma expressão sonora.

Chegamos, desta forma, ao cinema sonoro. Um aspecto importante mencionado por Eisenstein, estabelecendo a necessidade de se pensar o som em associação com a montagem, é o fato de que, antes de mais nada, está se trabalhando com a imagem visual. Com o advento do som, a imagem passa a adquirir novas características, um novo estatuto, como bem nos mostra Deleuze. À medida que um novo componente é acrescentado, abre-se uma nova dimensão da imagem, com variadas implicações:

O que acontece com o cinema falado? O ato de fala já não remete à segunda função do olho, já não é lido, mas ouvido. Torna-se direto, e recupera os traços distintivos do "discurso", que estavam alterados no cinema mudo ou escrito (o traço constitutivo do discurso, segundo Benveniste, é a relação de pessoa, eu-tu). Notaremos que o cinema não se torna, só por isso, audiovisual. Diferentemente do intertítulo, que era uma imagem diferente da imagem visual, o falado, o sonoro são ouvidos, mas como *uma nova dimensão da imagem visual, um novo componente*. É sob esse estatuto, aliás, que são imagem. Situação totalmente diferente da do teatro. É provável, portanto, que o cinema falado modifique a imagem visual: enquanto é ouvido, ele *faz ver*, nela, algo que não aparece livremente no cinema mudo. Dir-se-ia que a imagem visual está desnaturalizada. Com efeito, ela se incumbe de todo um domínio que poderíamos chamar de *interações humanas*, que se distinguem a um só tempo das estruturas prévias e das ações ou reações consequentes. É verdade que as interações se mesclam, estreitamente, com as estruturas, ações e reações. Mas estas são condições ou consequências do ato de fala, enquanto aquelas são o correlato do ato, e só se deixam ver nele, através dele, como

Planos de pesadelo de Freder em Metropolis.

as reciprocidades de perspectiva no eu-tu, com as interferências correspondendo à comunicação[30].

Neste ponto, já nos encontramos um passo adiante da discussão inicial em torno dos filmes falados que meramente reproduziam todos os sons possíveis a fim de satisfazer a curiosidade quanto ao novo advento. Agora, o som já se torna uma potencialidade, abre novas possibilidades gramaticais e traz uma série de implicações para a linguagem fílmica. No cinema sonoro, a imagem torna-se mais relativa, precisa de

30. Gilles Deleuze, *op. cit.*, p. 269 (grifos no original).

uma complementação do elemento sonoro para uma leitura mais "correta", para sua legitimação. O som passa a interferir na leitura, senão a determiná-la.

Várias implicações decorrem da interferência do som na imagem. Se antes, com as características da imagem no cinema "mudo", que "naturalizava" objetos, seres e estruturas, encontrávamos uma estruturação social prévia mais "rígida", o que nos permite relembrar as ideias de Munsterberg, na fase do cinema falado tais estruturas tornam-se mais frágeis, sendo determinadas pelas interações humanas colocadas por Deleuze, pelos atos de fala. Exemplificando com comédias americanas, Deleuze nos mostra de que maneira o ato de fala, agora ouvido e não mais lido, pode contradizer o que está sendo visto, determinando sua leitura, seu sentido, em alguns casos sendo até mais importante do que o visual.

O cinema mudo efetuava uma repartição da imagem visual e da palavra legível. Mas, quando a palavra se faz ouvir, dir-se-ia que ela faz ver algo novo, que a imagem visível, desnaturalizada, começa a se tornar também legível, enquanto visível ou visual. Esta, assim, adquire valores problemáticos ou uma certa equivocidade que não tinha no cinema mudo. O que o ato de fala faz ver, a interação, pode sempre ser mal decifrado, mal lido, mal visto. [...] Era inevitável que o cinema falado tomasse por objeto privilegiado as formas sociais aparentemente mais superficiais, mais precárias, menos "naturais" ou estruturadas. [...] Quanto menos estrutura social preexistente houvesse, melhor se exalariam, não uma vida natural muda, mas formas puras de sociabilidade, passando necessariamente pela *conversa*. [...] Mas ela também possui o poder de subordinar artificialmente todas as determinações, de jogar com elas, ou melhor, de fazer delas as variáveis de uma interação que lhe corresponda. Já não são os interesses, nem mesmo os sentimentos ou o amor que determinam a conversa, são eles que dependem da repartição de excitação na conversa, com esta determinando relações de força e estruturações que lhe são próprias[31].

Aqui, o termo "problemático" na verdade se relaciona mais com "complexo": as relações entre os personagens/relação social, embora diversas, são unificadas pelo som. Um dos exemplos citados é justamente *M, o Vampiro*, no qual se verificam um discurso/uma leitura que perpassam diferentes classes

---

31. *Idem*, p. 272.

sociais (bandidos e policiais, pobres e ricos), mostrando-os unidos em face de um problema comum, unidos apesar de sua diversidade. Encontramos, pois, uma inversão em relação ao cinema "mudo": a "conversa" (diálogo) passa a determinar relações sociais mais complexas.

A estrutura e a situação continuam a condicionar as interações, como faziam no caso das ações e reações, mas são condições reguladoras e não mais constituintes. [...] Quanto mais o ato de fala se torna autônomo, ultrapassando personagens determinadas, mais o campo de percepção visual que ele abre se apresenta como problemático, orientado para um ponto problemático no limite das linhas de interação emaranhadas[32].

Em suma, o som encontra o seu espaço dentro do cinema. Pensando-se a partir de um conceito de montagem mais amplo, desde o enquadramento até o corte final – e não se restringindo a este –, o som estabelece sua contribuição associado à montagem, como previra Eisenstein. Assim sendo, aos poucos, várias possibilidades são estabelecidas, trazendo novas implicações e complexidades. Deleuze estabelece a nova relação como uma "esquizofrenia", isto é, cada elemento (fala e imagem) não pode ser entendido separadamente. Exemplos da comédia americana ilustram uma complexidade maior, valorizando o diálogo e trabalhando a imagem como contraponto. O ato ouvido da fala, como componente da imagem visual, faz ver alguma coisa nessa imagem. Muitas vezes, o ato ouvido é ele próprio visto, ou seja, "enquanto é ouvido, ele próprio é visto, como traçando a si mesmo um caminho na imagem visual"[33]. Um exemplo deste caso é encontrado em *M, o Vampiro*, que analisaremos mais detidamente adiante, quando temos a voz da mãe chamando sua filha, percorrendo os espaços vazios.

Chega-se, neste ponto, ao outro extremo encontrado no início: do filme que meramente reproduzia todos os ruídos e diálogos existentes, pode-se chegar até a casos em que o som sobrepuja a imagem, usado em interação com esta. Como diz Martin, "seria errado, com efeito, fazer do som um meio

32. *Idem*, p. 271.
33. *Idem*, p. 276.

de expressão à parte dos outros e considerá-lo uma simples dimensão suplementar oferecida ao universo fílmico, quando sabemos que o advento do cinema falado modificou profundamente a estética do cinema"[34].

Novas Inter-Relações

Com o correr do tempo, o uso do som aliado à montagem fílmica vai adquirindo graus maiores de sofisticação, na medida em que os subelementos constitutivos do som são destrinchados e trabalhados. Não somente as características de um som são "exercitadas" – timbre, altura, intensidade etc.–, mas também os diferentes elementos sonoros – diálogos, música, ruídos/efeitos, ambiências – são combinados, contribuindo com novas e variadas possibilidades para a gramática fílmica. Primeiramente, é interessante assinalar como diretores oriundos do cinema "mudo" trabalham as novas possibilidades trazidas pelo som, em conjunto com uma forte herança visual obtida e exercitada à exaustão no cinema "mudo". Encontramos, neste caso, ideias muito próximas àquelas colocadas por Eisenstein, isto é, o exercício da linguagem fílmica a partir do conceito de montagem num sentido mais amplo, utilizando-se o som como elemento de montagem. Hitchcock é um exemplo de diretores oriundos da época "muda", inclusive com pas-sagem pelos estúdios da UFA, onde estagiou trabalhando na confecção "criativa" de intertítulos[35]. Sua grande preocupação com o trabalho visual mostrou-se marcante em vários de seus filmes. Quando indagado sobre a função do diálogo num filme, Hitchcock revela uma linha mestra de raciocínio, a imagem, o visual:

Para mim, o pecado capital de um roteirista é, quando se discute uma dificuldade, escamotear o problema dizendo: "Justificaremos isso através de uma linha de diálogo". O diálogo deve ser um ruído entre os outros,

---

34. Marcel Martin, *op. cit.*, p. 108.

35. Para uma referência mais clara, remeto a: François Truffaut, *Hitchcock--Truffaut: Entrevistas*. Além de destrinchar a carreira de Hitchcock no cinema "mudo", o livro faz referência ao trabalho de Hitchcock desenhando intertítulos para alguns filmes, fazendo ilustrações.

um ruído que sai da boca dos personagens cujas ações e olhares contam uma história visual[36].

Esta posição pôde ser reforçada quando Hitchcock, indagado sobre o aspecto mais importante na formação de um futuro cineasta, opina ser fundamental o conhecimento do processo de montagem e o trabalho sobre o roteiro. Percebemos, em palavras e em filmes, o conceito profundamente arraigado de um diretor com formação devotada às artes visuais e que se dizia, ele próprio, uma pessoa visual – como é o caso, visto anteriormente, de Fritz Lang.

As novas combinações sonoras trazem consigo possibilidades e, ao mesmo tempo, novas implicações. Um primeiro raciocínio, acerca do som como elemento que contribui para a continuidade da ação dentro de uma narrativa clássica, amplia-se. Desenvolvem-se aspectos que podem abranger desde propostas mais clássicas até propostas vanguardistas. Deleuze desenvolve o seu estudo no sentido de entender as variadas implicações trazidas pelo som, o que nos auxilia a entender casos em que o som torna-se parte da própria estrutura do filme:

Às vezes é lembrado que não há apenas uma fita sonora, mas pelo menos três grupos: falas, ruídos, músicas. Talvez até seja preciso distinguir um número maior de componentes sonoros: [...] É evidente que estes diferentes elementos podem rivalizar, se combater, suprir, recobrir, transformar. [...] Isto poderia levar-nos a crer, conforme uma tese fundamental de Fano[37], que já há um único *continuum sonoro*, cujos elementos só se separam em função de um referente ou de um significado eventuais, mas não de um "significante". A voz não é separável dos ruídos, dos sons que a tornam, às vezes, audível: é essa, aliás, a segunda grande diferença entre os atos de fala cinematográficos e os teatrais. [...] Em vez de invocar o significante e o significado, poderíamos dizer que os componentes sonoros só se

36. *Idem*, p. 131.

37. Michel Fano é renomado teórico e técnico de som em cinema, definido por alguns como "poeta do som". Crítico a respeito do uso do som como mero pontuador da ação no cinema tradicional, Fano acredita que, para usar uma linguagem mais precisa e menos barroca, a trilha sonora pode ser "o terceiro discurso", compondo a significação global de um filme em pé de igualdade com as imagens e o texto. É diretor do Departamento de Som da FEMIS (École Nationale Supérieure des Métiers des Images et du Son), em Paris, conhecido também por trabalhos marcantes nas trilhas sonoras de filmes de Alain Robbe-Grillet.

separam na abstração de sua audição pura. Mas, na medida em que são uma dimensão própria, uma quarta dimensão da imagem visual (o que não quer dizer que se confundem com um referente ou significado), formam então todos juntos um único componente, um contínuo. E é na medida em que rivalizam, se recobrem, se atravessam, se cortam, que traçam um caminho cheio de obstáculos no espaço visual, e não se fazem ouvir sem serem também vistos, por si mesmos, independentemente da fonte, ao mesmo tempo que fazem que a imagem seja lida, mais ou menos, como uma partitura[38].

Fundamentalmente, são duas as relações que se estabelecem com a presença do som: uma primeira, num nível mais básico, na qual o som associado à imagem passa a ser entendido dentro de uma nova relação; ou seja, não faz mais sentido tentar entender o som puramente, no seu sentido primeiro, visto que ele está ligado a uma imagem, modificando-a, criando uma nova dimensão. A segunda relação, mais complexa, refere-se ao conjunto ou "complexo" sonoro que se forma num filme, compreendendo vozes, falas, música, ruídos etc., e que formam um todo indissociável, muitas vezes tão intrinsecamente ligado à estrutura do filme que só poderemos entendê-lo enquanto contínuo sonoro, enquanto conjunto. O conceito de contínuo sonoro pode ser entendido como a construção complexa de sons dentro do filme, na qual os sons empregados muitas vezes estão dispostos e são usados em função de necessidades inerentes à faixa sonora: continuidade, timbre, fluência e, em alguns casos, misturando-se com a estrutura do filme, sendo necessária uma visão mais ampla e complexa da estrutura do filme para serem entendidos. Um exemplo moderno pode ser encontrado em *Prénom: Carmen*, de Godard, no qual temos ataques sonoros associados a ataques físicos (assalto ao banco, por exemplo), e outros elementos usados não entendidos especificamente por si sós. Acabam por formar um complexo sonoro, que se torna como que "indivisível", relacionado dentro de si: voz mais ruídos mais música etc. A partir da ideia do "indivisível", pode-se entender a colocação de Deleuze de que os sons fazem parte de um todo orgânico, estão associados à imagem visual modificando-a, daí só se separarem "na abstração de sua audição pura". Uma vez dentro

---

38. Gilles Deleuze, *op. cit.*, pp. 277-278.

do filme, os sons devem ser entendidos em função do conjunto, formando um único componente, um "contínuo".

Desenvolvendo-se no tempo – este entendido tanto como tempo interno da ação fílmica como também como um tempo maior, absoluto –, o som igualmente traz implicações sobre o espaço fílmico. Retomando o manifesto soviético, que enveredava pelo princípio da não redundância e indicava o extracampo, Deleuze coloca as novas possibilidades quanto ao uso de voz *off* como preenchimento do extracampo e como função de não redundância:

Se o contínuo (ou o componente sonoro) não tem elementos separáveis, isso não o impede de se diferenciar a cada momento, segundo duas direções divergentes que exprimem sua relação com a imagem visual. Esta dupla relação passa pelo extracampo, na medida em que este pertence plenamente à imagem visual cinematográfica. Claro, não é o sonoro que inventa o extracampo, mas é ele que o povoa e preenche o não visto visual com uma presença específica. [...] Desde o início o problema do sonoro era: como fazer para que o som e a fala não sejam mera redundância do que se vê? Este problema não negava que o sonoro e o falado fossem um componente de imagem visual, ao contrário: era na qualidade de componente específico que o som não devia ser redundante com o que era visto. O célebre manifesto soviético já propunha que o som remetesse a uma fonte no extracampo, sendo assim um contraponto visual e não o duplo de um ponto de vista: o ruído das botas é justamente mais interessante quando elas não são vistas. [...] Em suma, o sonoro sob todas as suas formas vem povoar o extracampo com a imagem visual, e realiza-se ainda melhor nesse sentido como componente dessa imagem: no plano da voz, é o que se chama voz *off*, cuja fonte não é vista[39].

De fato, encontramos em textos da época do advento do sonoro referências ao preenchimento do extracampo pelo som e seu uso inteligente, complementando a imagem visual. René Clair, no texto de 1929 aqui citado[40], elogia o filme *Broadway Melody*, não só pela técnica refinada e ângulos de "cinema mudo", mas também pelos efeitos sonoros usados com inteligência, como os sons *off*. Cabe então notar as diferentes maneiras como essa voz (ou som) *off* podem se apresentar dentro da estrutura fílmica:

39. *Idem*, pp. 278-279.
40. René Clair, *op. cit.*, pp. 93-94.

Ora, o extracampo remete a um espaço visual, de direito, que prolonga naturalmente o espaço visto na imagem: então o som *off* prefigura aquilo de onde ele provém, algo que logo será visto, ou que poderia ser visto na imagem seguinte. [...] Esta primeira relação é a de um conjunto dado com um mais vasto que o prolonga ou engloba, mas de mesma natureza. Ora, ao contrário, o extracampo atesta uma potência de outra natureza, excedendo qualquer espaço e qualquer conjunto: remete desta vez ao Todo que se exprime nos conjuntos, à mudança que se exprime no movimento, à duração que se exprime no espaço, ao conceito vivo que se exprime na imagem, ao espírito que se exprime na matéria. Nesse segundo caso, o som ou a voz *off* consistem antes em música, e em atos de fala muito especiais, reflexivos e não mais interativos (voz que evoca, comenta, sabe, dotada de uma onipotência ou de uma forte potência sobre a sequência das imagens). [...]... mas tanto uma quanto outra são estritamente inseparáveis da imagem visual. [...] A diferenciação dos aspectos no contínuo sonoro não é uma separação, mas uma comunicação, uma circulação que está sempre reconstituindo o con-tínuo[41].

Temos neste caso a distinção entre o som *off* – aquele cuja fonte encontra-se fora de cena, mas que está referenciada concretamente nela – e aquele que algumas nomenclaturas chamam de som *over* – cuja fonte, apesar de integrada à cena, não apresenta referência material nela; o exemplo mais comum são os narradores de filmes documentários descritivos. O importante, no caso, é, conforme bem coloca Deleuze, não perder de vista que, mesmo com essa diferenciação, o som *in* ou *off* está sempre ligado à imagem visual e sempre associado ao contínuo sonoro, constituindo-o. A relação torna-se dinâmica, surgem possibilidades de passagem do *in* para o *off* e vice-versa. Deleuze ainda exemplifica com uma análise de Michel Chion sobre *O Testamento do Dr. Mabuse*, no qual o médico, possuído pelo Dr. Mabuse, passa de uma voz a outra, a relação entre vozes *in* e *off* vai ao encontro da relação de loucura e onipresença do Dr. Mabuse que se estabelece na trama.

Chegamos ao ponto em que são fundamentais a interação e o dinamismo entre som e imagem, os dois elementos misturando-se e inter-relacionando-se:

Assim tendemos para um problema que já não se refere apenas à comunicação dos elementos sonoros em função da imagem visual, mas à comunicação desta, sob todas suas formas, com algo que a excede, mas sem

41. Gilles Deleuze, *op. cit.*, p. 279.

poder cedê-la, sem nunca poder cedê-la. O circuito não é apenas o dos elementos sonoros, inclusive musicais, em relação à imagem visual, mas a relação da própria imagem visual com o elemento musical por excelência que penetra por toda a parte, *in*, *off*, ruídos, sons, falas[42].

Uma vez estabelecidos o papel e o potencial do som no cinema, várias combinações e experimentos são feitos, empregando os seus diferentes componentes. Dentre esses elementos, dois aspectos em específico merecem ser destacados, inclusive por sua ocorrência no trabalho de Lang:

1. o silêncio "é promovido como valor positivo. [...] O silêncio, melhor do que a intervenção de uma música, é capaz de sublinhar com força a tensão dramática de um momento..."[43];

2. "As elipses possíveis do som ou da imagem"[44]: Martin cita *M, o Vampiro* como exemplo, quanto à identificação do assassino pela melodia assobiada no momento dos crimes.

As elipses espaço-temporais tornam-se mais frequentes e uma prática recorrente. Ao contrário do cinema "mudo", no qual muitas vezes eram necessárias inserções ou trucagens para fazer determinadas associações (como o *flashback*), com o advento do som tal prática é facilitada, tendo sido assimilada rapidamente pelo espectador. Outro elemento que muito auxilia nessa prática é a música. Para efeitos de nosso estudo, pensemos a música como elemento possuidor das mesmas atribuições daquilo que chamamos "som" (na verdade, ruídos, diálogos etc.), lembrando que um estudo aprofundado da música poderia trazer outras contribuições para a compreensão dessas relações no cinema sonoro.

Quanto ao uso do silêncio, é importante destacar seu potencial, tanto por seu valor dramático, ressaltando a tensão ou carga dramática num determinado momento, como também estabelecendo um elo com o cinema "mudo" e o conceito de imagem pura, de um visual elaborado e aceito "naturalmente". Sem dúvida, o silêncio – presente ou não – ajuda-nos a revelar o "teor" da cena que se desenvolve. Num primeiro

42. *Idem*, p. 281.
43. Marcel Martin, *op. cit.*, pp. 114-115.
44. *Idem*, p. 115.

momento, vêm à mente ideias como tensão, vazio, solidão ou mesmo paz. Seu valor dramático é grande, se bem usado em relação à imagem (e à montagem). Da mesma forma, tal qual pensamos o conceito de ruídos (ou até diálogo), associados ao conceito de montagem, o silêncio pode surgir para res-saltar o visual, a imagem, valorizando esse elemento. Em *Fúria*, primeiro filme americano de Fritz Lang, encontramos um exemplo do emprego do silêncio em associação à construção da cena: o personagem de Spencer Tracey caminha solitário por uma rua deserta, silenciosa. O silêncio do momento, interrompido somente pelo ruído de seus passos, assusta-o, e ele começa a imaginar-se perseguido, como se alguém o estivesse seguindo. O uso do silêncio em tal cena é extremamente revelador de seu estado interior, de seus sentimentos.

Partindo do cinema "mudo", chegamos ao silêncio enquanto possibilidade dramática do cinema sonoro. Em comum nesses dois períodos do cinema, embasando todas as possíveis combinações entre som e imagem, notamos principalmente a existência de uma relação própria do filme com o tempo, seja ele no sentido mais amplo – absoluto, tomado por convenção, apesar de sua relatividade –, seja num sentido mais restrito, interno ao filme, no qual o tempo é manipulado e retrabalhado, estabelecido conforme as necessidades da obra.

4. APLICAÇÃO DO DESENVOLVIMENTO TEÓRICO: ANÁLISE DE TRECHOS DE *METROPOLIS* E *M, O VAMPIRO DE DÜSSELDORF*

Desenvolvida uma reflexão teórica que procurou compreender desde os primórdios do cinema até o advento do som, cabe agora analisar a aplicação desse estudo na prática, com os filmes de Fritz Lang selecionados.

Análise de Metropolis
Considerações sobre as diferentes cópias de Metropolis

Antes da análise propriamente dita, cabe uma ressalva quanto à cópia utilizada para este estudo, visto existirem diferentes versões do filme. A primeira exibição de *Metropolis* data de 10 de janeiro de 1927, numa sessão de gala para 2.500 convidados. Os números impressionavam até mesmo para aquela época: 1,3 milhão de metros de negativo, 36 mil figurantes (sendo 750 crianças), 2 mil pares de sapatos, 75 perucas e cinquenta veículos construídos especialmente para o filme, uma filmagem que durou 310 dias e sessenta noites[1]. A cópia então exibida apresentava 4.189 metros, o que corresponde a 204 minutos (3 horas e 24 minutos) à projeção de 18 quadros/segundo[2]. Desde então, o filme nunca mais seria exibido em sua versão original, sofrendo diferentes cortes para exibição, tanto na Alemanha quanto no exterior. Consequentemente, desde essa primeira projeção, originaram-se diferentes versões do filme, que se espalharam pelo mundo, tornando um trabalho irrealizável a recuperação da cópia projetada pela primeira vez em 1927.

A cópia mais recorrente, segundo a própria Lotte Eisner, parece ser uma com 3.170 metros, versão americana remontada por Channing Pollock[3]. Entretanto, é comum depararmo-nos com diferentes versões de *Metropolis* apresentando planos novos ou faltando determinados planos ou mesmo sequências. Outro aspecto que entra na diferenciação entre as cópias é a velocidade de reprodução (alguns projetam a 18 quadros/segundo, outros a 20, outros a 24), ou até mesmo a inclusão dos intertítulos (cartela simples, a cartela original com um certo estilo, alguns prolongam diálogos etc.).

Em 1984, surgiu a versão de Giorgio Moroder, com 87 minutos, trilha musical moderna e com "viragens"[4]. Embora odiada por muitos e amada por alguns, o importante de tal versão é restaurar algumas cenas ausentes em muitas outras cópias, por vezes cenas inteiras, como a do Estádio em que vemos Freder pela primeira vez, disputando uma corrida com outros jovens ricos filhos dos donos de Metropolis.

Recentemente, também foi apresentada outra nova versão de *Metropolis*, a cargo da Cinemateca de Munique

1. Ver "Metropolis– un film de Fritz Lang: images d'un tournage", *Cinémathéque Française*, photographies de Horst von Harbou (éclairages de Karl Freund), p. 142.

2. Padrão de projeção pouco utilizado, sendo o mais comum 16 quadros/segundo.

3. Lotte Eisner, *op. cit.*, 1984, p. 419.

4. Processo pelo qual se "tingem" os planos com uma determinada cor, muito utilizado no cinema "mudo". Assim, algumas cenas ou mesmo sequências apresentam-se azuladas, avermelhadas etc. Na referida cópia de *Metropolis* feita por Moroder em 1984, tal recurso é muito usado, diferenciando-se da ideia de "colorização", erroneamente divulgada.

(Filmmuseum Münich), sob responsabilidade de Enno Patalas, profundo conhecedor da obra de Fritz Lang, e que teria seguido o roteiro original do filme, preenchendo cenas perdidas com *stills* ou intertítulos. O comprimento da versão de Patalas é de 3.150 metros, o que significa 138 minutos a 20 quadros/segundo, ou 153 minutos a 18 quadros/segundo, esta última a mais executada pelo restaurador[5]. Por ter sido a restauração mais recente, a versão de Patalas é a mais documentada e dá conta do processo utilizado.

Chama a atenção a referência feita por ele aos comentários da censura da época, o que lhe permitiu ter uma noção exata de cortes e intertítulos, ao mesmo tempo em que é claramente colocada a liberdade tomada quanto à duração dos intertítulos, reduzidos por Patalas ao tempo que lhe parecia indispensável para leitura. Para efeitos de nosso estudo, o mais interessante é a referência feita à trilha de Gottfried Huppertz e que teria sido guia para a restauração:

Interesse complementar, ela [a cópia restaurada por Patalas] é acompanhada por uma música muito livremente adaptada da partitura original escrita por Gottfried Huppertz para o filme e cuja redução (ou esboço) para piano, reencontrada junto à viúva do compositor, havia já fornecido indicações muito preciosas a Patalas para seu trabalho de restauração. O tratamento eletrônico proposto se estende certamente muito do original[6].

O fato é que, descobrir qual seria a verdadeira cópia de *Metropolis*, ou aquela que mais se aproximaria da original, exibida uma única vez em 1927, tornou-se impossível, dada a falta de referências confiáveis. Mesmo no caso de Patalas, notamos que algumas liberdades são tomadas, o que acaba por criar uma nova versão[7]. Chega-se ao caso de restos/sobras de montagem serem "redescobertos" e incorporados ao filme, o que dificulta novas versões que, por sua vez, utilizam outras como referência.

5. Dados obtidos junto à internet, no *site* http://www.paulist.org/doug/metro/versions.html
6. Jean-Pierre Berthomé, "*Metropolis* revisitée", *in Positif*, Mars, 1996, p. 94.
7. Com relação às várias restaurações feitas sobre um filme, sugiro a leitura de Vincent Pinel, "Pour une déontologie de restauration des films", *in Positif*, Mar, 1996, pp. 90-93. Tal texto discute os critérios que seguem as restaurações, abrangendo mesmo as cópias de *Metropolis*.

Com relação ao enredo do filme, as diferenças entre as versões não implicam mudanças radicais no conjunto. Fazendo um apanhado das principais diferenças, o que obtemos são caracterizações mais claras de alguns personagens, principalmente os secundários Josaphat e Georgy. De mais crucial, o que fica mais claro é a relação entre Rotwang e Joh Fredersen, a disputa entre os dois pelo amor da mesma mulher, que teria morrido dando à luz Freder, daí a obsessão de Rotwang em recriá-la através de um robô (Hel). Entretanto, ainda que as relações fiquem mais claras e melhor estabelecidas, a linha central da ação permanece intacta, o enredo não se altera[8].

Para efeitos de uma visão mais abrangente sobre diferenças nas versões, aproveito o quadro de Augusto Cesar B. Areal[9], comparando a versão de 1984 feita por Giorgio Moroder e uma versão nacional, lançada pela Continental Vídeo, preto-e-branco, com legendas em português.

Versão Moroder	Versão P&B
Duração do filme	
87 minutos	139 minutos, porém... <ul><li>as cenas estão em velocidade mais baixa do que na versão Moroder;</li><li>as legendas são pausas entre as cenas do filme, contando tempo próprio (na versão Moroder elas estão sobre as cenas, sem interrompê-las);</li></ul>
Trilha Sonora	
Moderna e relacionada à emoção predominante em cada cena (amor / tensão / etc).	Praticamente homogênea.

8. Para se ter o que seria a versão completa de *Metropolis*, *cf.* Enno Patalas, *Metropolis: in/aus Trümmern*.

9. Informações disponíveis no *site* de Augusto Cesar B. Areal, totalmente dedicado a *Metropolis*: http://www.persocom.com.br/brasilia/metropo.htm.

Efeitos Sonoros	
Muitos. Exemplos: • sons de businas e carros quando a cidade de Metropolis é mostrada; • sons metálicos quando o robô está caminhando.	Nenhum.

Nota: foram exibidas simultaneamente a versão Moroder no VCR "a" e na TV "a" e a versão P&B no VCR "b" e na TV "b", e depois invertidas as fitas. Os resultados foram os mesmos, portanto não foram devidos às características dos vídeo-cassetes das TVs utilizadas.

• a qualidade da imagem foi muito superior (tanto no contraste quanto na nitidez dos detalhes); • mostrou mais dos cantos esquerdo e superior de todas as cenas.	• embora fosse uma cópia sem uso, a qualidade da imagem era muito ruim, como se fosse o resultado de 5 cópias consecutivas; • mostrou mais do canto de todas as cenas.

Cenas Exclusivas de cada Versão	
• Mostra as cenas no Estádio;	
• Mostra a primeira visão dos Jardins do Prazer;	
• Mostra Maria abrindo as portas dos Jardins do Prazer;	
• Mostra Maria sendo expulsa dos Jardins do Prazer	• Mostra apenas as portas se fechando. Poder-se-ia supor que Maria saiu por vontade própria.
• Mostra Freder entrando no carro para ir ver seu pai;	
	• Mostra Josaphat trabalhando, antes de Freder entrar;
• Mostra Freder entrando na sala seu pai;	• Uma vez mais, a versão P&B deixa de mostrar as pessoas abrindo e fechando as portas;

	• Mostra mais cenas do diálogo entre Freder e seu pai;
	• Joh fala com Josaphat antes de terminar seu diálogo com Freder;
	• Alguns empregados (contadores?) de Joh aparecem rapidamente;
• Após Freder correr atrás de Josaphat, Joh chama alto seu empregado;	
• Mostra a lápide de Hel, com a mensagem "Nascida para ser minha alegria. Perdida para Joh Fredersen. Morta ao dar à luz o seu filho Freder";	• Não fala absolutamente nada sobre Hel;
• Mostra o anão dizendo a Rotwang que Joh estava lá para vê-lo;	
• Mostra Georgy pegando o carro de Freder e vendo as luzes de Yoshiwara;	• Georgy simplesmente desaparece do filme, após trocar de roupas com Freder;
• Mostra a Torre de Babel sendo construída pelos escravos, e sua subsequente rebelião;	
• Mostra Georgy sendo assassinado por um trabalhador, ao tentar defender Freder.	• Não mostra como Freder escapou do ataque dos trabalhadores.

Em relação à investigação do trabalho sonoro presente em *Metropolis*, sob o ponto de vista do sentido sugerido pela sua construção, as diferentes cópias não apresentam diferenças significativas. A única ressalva que faço, neste sentido, é com referência a uma cópia do filme, por mim assistida em 1993, com selo da Cinemateca Brasileira, que se distinguia das demais de imediato por sua duração: duas horas. De fato, tal cópia, projetada em Brasília e posteriormente nunca mais localizada[10], apresentava planos ausentes em diversas outras cópias, um dos quais de muito interesse para nosso estudo. No final do filme, quando da perseguição da verdadeira Maria por Rotwang, dentro da catedral, a caminho do telhado, ela, num lance da fuga, pendura-se num sino enorme, e balança-se, atraindo a atenção de Freder, que a procura[11]. A dimensão gigante do sino, balançando com Maria pendurada nele, remete à ideia de sugestão sonora, reflete o recurso mencionado por Chion e por Eisenstein de *close-up* na fonte sonora. Em *Metropolis*, encontramos planos semelhantes, como veremos adiante. Um exemplo equivalente ao plano do sino é o plano do gongo que bate no prato, quando do início da enchente da Cidade dos Trabalhadores, nos subterrâneos de Metropolis. A verdadeira Maria aciona o que seria o alarme e temos um plano que enquadra o referido gongo, batendo no prato insistentemente (ver foto na página seguinte).

Para nossa análise, foram utilizadas duas cópias como referências principais. A primeira foi a da Cinemateca Brasileira, versão de 83 minutos, considerada a mais completa em relação a todas as outras. A segunda foi a de Giorgio Moroder, desconsiderando-se as alterações de "viragens" e trilha sonora/musical. Outras cópias também estiveram disponíveis, como a da Continental Vídeo, à venda no mercado, mas muito incompleta e com uma trilha extremamente pobre, sem nenhuma relação com o filme, além do excesso de intertítulos. A propósito da versão de Moroder, além de apresentar planos ausentes em outras versões e fazer referência a sequências muitas vezes ignoradas, vale mencionar o processo de

10. A mencionada cópia de *Metropolis* foi exibida no Cine Brasília, em outubro de 1993, durante uma mostra chamada "Os Primeiros Passos da Linguagem Cinematográfica", tendo sido exibida duas vezes (e por mim assistida duas vezes), visto ter sido escolhida a favorita pelo público. Apesar da cartela "Cinemateca Brasileira" no início, tal cópia não foi localizada em São Paulo. A única cópia que a Cinemateca apresenta – inclusive com cópia nova feita recentemente – é de 83 minutos, utilizada para a análise.

11. Esta cena encontra-se na cópia restaurada por Enno Patalas.

sonorização. Mesmo que se discuta a adequação da trilha anexada ao filme, percebe-se a tentativa de associar-se a nova trilha à imagem do filme, de seguir o mesmo ritmo da imagem. Ainda que se discuta a intenção do produtor de tornar o filme mais atraente a um público dos anos 1980, a procura por uma relação entre imagem e som é perceptível, tentando manter os mesmos cortes, o mesmo ritmo do filme, associando-lhe uma trilha e efeitos sonoros que participem da narrativa. Podemos aqui lembrar de um período das projeções de filmes "mudos", citado por Anatol Rosenfeld[12], em que um trecho do filme era exibido para o músico para que tivesse ideia da improvisação a ser feita. Pode-se deduzir dessa experiência de Moroder que o filme, por si só, sugeria-lhe um ritmo, sugeria-lhe uma sonoridade, o que corrobora nossa investigação da sugestionabilidade do filme. Ao colocar sons de batidas de gongo à imagem do gongo martelando, preenchendo todo o quadro, Moroder segue, de certa forma, o mesmo princípio de edição que acompanharia o cinema desde o advento físico do som.

12. *Cinema: Arte & Indústria*, pp. 125-126.

Como contraponto, temos a versão da Continental Vídeo, que não se preocupa com essa associação, anexando ao filme uma trilha qualquer, possivelmente composta sem a intenção de ser vinculada àquele filme especificamente.

Escolha de sequências para análise

Ao contrário do que veremos em *M, o Vampiro*, escolher uma única sequência para análise em *Metropolis*, do ponto de vista da sugestão sonora, torna-se tarefa difícil. Em vários momentos do filme podemos encontrar trechos que possibilitam o estudo da intenção de transmitir uma ideia sonora por meio de enquadramento ou de uma construção de montagem mais complexa. É o caso da referida sequência da inundação da Cidade dos Trabalhadores, não somente no plano do gongo martelando, preenchendo todo o quadro, mas enquanto sequência inteira, que acompanha um ritmo crescente, indo das primeiras rachaduras, passando pela água que cobre a cidade cada vez mais, chegando à rebelião dos trabalhadores e à fogueira que revela o robô por trás da falsa Maria. E assim como esses, encontraremos vários exemplos equivalentes.

Vale salientar, de início, que *Metropolis* é um filme no qual o elemento ritmo está muito presente. Tal constatação dá-se não somente em relação a sequências que seguem um ritmo crescente, mas também por conta de vários elementos cênicos. Além do gongo e do sino da catedral mencionados, encontramos a forte referência do relógio, marcando os turnos dos trabalhadores e reforçando o desespero de Freder, quando adentra o mundo dos trabalhadores, trocando de roupa com um deles, ansiando pelo fim de um turno torturante.

O mesmo pode ser dito em relação à movimentação dos trabalhadores. Como vimos anteriormente ao falar sobre a influência do expressionismo e especialmente do teatro sobre a obra de Lang, o trabalho com a movimentação das massas destaca-se, perpassa todo o filme: movimento ritmado, lento, sincronizado no início, o caos total quando da rebelião, voltando a um movimento ritmado no final. Nesses momentos, fica evidenciado o uso de milhares de figurantes, marcando um ritmo de submissão e um trabalho contínuo, por vezes

descontrolando-se. Um exemplo significativo desse movimento de continuidade-descontinuidade pode ser encontrado na sequência que ilustra a história de Babel, na qual passamos de incontáveis figurantes à rebelião e destruição da Torre.

Invocando as palavras de Eisenstein quando fala da teoria da polifonia, encontramos então em *Metropolis* um material repleto de elementos a partir dos quais é possível obter-se uma derivação sonora. Lembrando a associação que Eisenstein, partindo do conceito de montagem vertical, faz com a partitura musical, encontramos nos trechos mencionados anteriormente elementos constitutivos das cenas que, por sua vez, se relacionam com uma estrutura maior, a montagem do filme. Ou seja, encontramos um desenvolvimento tanto horizontal quanto vertical, a estrutura vertical interligando todos os elementos dentro de cada unidade de tempo determinada. O ritmo do filme, equivalendo ao complexo movimento musical de uma orquestra – também harmônico –, entrelaça ambas estruturas. Uma série de linhas avança simultaneamente, estabelecendo uma composição independente e contribuindo para o curso de composição total da sequência.

Isto posto, resta dizer que a escolha das sequências para análise procurou aliar momentos de composição visual apurada – entre cenário, interpretação e iluminação – associados a uma articulação da montagem para obtenção do efeito desejado. Adicionalmente, a escolha procurou englobar elementos importantes do trabalho de Lang, como aquele com trucagens e inovações de câmera, por ele tanto ressaltado.

Análise da apresentação de Metropolis – créditos iniciais

A primeira sequência escolhida trata da abertura do filme, especificamente a série de trucagens com máquinas em fusões (na verdade, o efeito *Schüfftan*), culminando com uma explosão de fumaça oriunda de um conjunto de apitos, anunciando a mudança de turno.

Talvez a melhor descrição da sequência inicial seja a dada por Lotte Eisner:

Neste filme mudo, o som foi *visualizado* com tal intensidade que temos a impressão de ouvir o martelamento das máquinas e das sirenes de fábrica, com seus raios de luz semelhantes a fanfarras.

Movimento de baixo para cima, de trás para frente: os pistões das máquinas aparecem num espaço tridimensional, tangíveis através da bruma atravessada de luz e a superimpressão que os transforma em gigantescos símbolos do trabalho. Movimentos de rodas, jogos de pistões: as visões expressionista e surrealista se unem às conquistas técnicas da vanguarda.

A equipe do outro turno – escravos vestidos de preto, cabeça baixa, criaturas anônimas do trabalho – avançam pelos corredores num passo

127

igual e ritmado, comparado àquele dos *Sprechchöre* (coros falados) de trabalhadores expressionistas-revolucionários, fileiras de homens nas quais o indivíduo se perde na massa[13].

A sequência de abertura de *Metropolis* nos introduz em um dos aspectos mais caros a Fritz Lang, justamente a inventividade, o desenvolvimento de novos recursos. Neste caso, citado por Lang em diversas entrevistas, encontramos o efeito *Schüfftan*, procedimento que utilizava espelhos, prescindindo do uso de maquetes ao invés de grandes cenários, filmando várias maquetes simultaneamente[14]. O encantamento com o efeito foi tamanho que, em algumas entrevistas, o fotógrafo do filme, Karl Freund, viu-se explicando quais sequências foram feitas usando tal efeito e quais não.

Planos combinados na abertura de Metropolis, *ilustrando citação de Lotte Eisner.*

13. Lotte Eisner, *op. cit.*, 1984, p. 95.
14. Encontramos menção do efeito *Schüfftan* em entrevistas de Lang, como "La Nuit Viennoise (II)", *Cahiers du Cinéma*, n. 179, junho 1966. "Esse procedimento, que permite simular os maiores cenários e economizar em sua construção, consiste num espelho colocado sob um ângulo de 45° diante da objetiva de uma câmera normal, refletindo um modelo reduzido (ou uma foto). Uma parte do espelho está sem estanho e permite uma tomada de visão direta. A relação entre maquete e cenário real se faz iluminando a borda da imagem espelhada por um desenho em forma de cruz, de onde resulta uma transição suave e progressiva quase invisível. A diferença focal entre a maquete e o cenário é corrigida por uma lente complementar entre a maquete e o espelho." ("Metropolis: un film de Fritz Lang – images d'un tournage", *Cinémathèque Française*, *op. cit.*, p. 140. Tradução minha.

Encontramos nessa abertura do filme um exemplo da teoria de Eisenstein sobre a construção do sentido, sobre uma ordenação da percepção que é construída. Ao invés de colocar uma cartela, intertítulo ou mesmo apresentar a cidade num plano geral, Lang nos introduz gradativamente no universo de *Metropolis*. A percepção do espectador vai sendo organizada. A fusão de imagens e sobreimpressões participa de uma montagem na qual a ideia de ritmo constante, incessante, faz-se clara. Na estrutura da montagem é colocado um relógio, novamente enfatizando a ideia de ritmo e de tempo. A construção complexa acaba por fazer um movimento duplo, no qual os elementos enquadrados adquirem maior expressividade. A explosão de fumaça, indicando a mudança de turno, é o ápice dessa construção, seguida por uma massa de trabalhadores, desprovidos de individualidade, caminhando cabisbaixos e num passo lento e ritmado.

Em termos sonoros, a ideia de ritmo é transmitida desde o início através das trucagens (fusões/efeito *Schüfftan*); novamente encontramos um ritmo crescente, culminando, em termos de enquadramento, naquilo que poderíamos considerar um *close-up* do apito e das fumaças anunciando a mudança de turno.

Embora já mencionado, vale ressaltar a ideia do tempo trabalhada desde o início, aqui corroborada pelo conceito de ritmo, permitindo um jogo de expansão e de ralentamento.

Segundo trecho de análise: o "Moloch"

A segunda sequência escolhida para análise corresponde à entrada de Freder no mundo dos trabalhadores, logo após apaixonou-se com Maria, que conduz filhos de trabalhadores para conhecer o Jardim dos Prazeres, onde Freder diverte-se despreocupadamente. Saindo à procura daquela mulher, Freder depara-se com uma enorme máquina em pleno funcionamento, com funcionários espalhados em diferentes níveis/andares, realizando movimentos mecanizados, ritmados. É o momento de Freder deparar-se com um acidente, o que lhe trará a visão do Moloch. Uma visão plano-a-plano da sequência nos ajuda na análise:

Plano	Descrição
01	Intertítulo: "Misteriosamente como chegou, ela desapareceu. Na sua busca desesperada por aquela imagem, Freder alcançou a beira de um mundo estranho" (versão Moroder); "As grandes máquinas, bem abaixo da superfície, todavia bem acima da cidade dos operários" (versão Cinemateca);
02	Plano geral. Corredor da fábrica. Trabalhadores num andar superior, espalhados, cada um em sua máquina (tipo relógio), em ritmo contínuo. Freder caminha pelo corredor, ao nível do solo, admirado. Ao fundo, no alto, algo se movimenta, como se fosse um trem. Pilastras e torres espalhadas em primeiro plano;
03	Plano americano. Freder saindo do corredor anterior. Vê algo que chama sua atenção;
04	Plano geral. A grande central da fábrica. Uma grande escada ao meio, conduzindo até o centro, onde pistões se movimentam. Jatos de fumaça lançados aleatoriamente nas laterais. Trabalhadores em dois níveis, movimento ritmado;
05	Plano de conjunto. Câmera diagonal. Detalhe do plano anterior. Trabalhadores em movimento ritmado;

06	Plano de conjunto. Outro detalhe. Câmera frontal. Outros trabalhadores. Jatos de fumaça;
07	Plano de conjunto. Outro detalhe. Câmera mais baixa;
08	Idem ao plano 06;
09	Idem ao plano 04;
10	Plano de conjunto. Trabalhador diante de controles. Painel apresenta relógios, alavancas, botões, luzes piscando. Seu movimento é intenso, tentando controlar tudo;
11	Câmera diagonal. Trabalhador fraqueja. Em sua tentativa de controlar todas alavancas, cai, apoiando-se em controles;
12	Plano detalhe. Termômetro indica temperatura subindo;
13	Idem ao plano 11. Plano médio. Tenta controlar todo painel, apoiando-se nas alavancas;
14	Contracampo. Câmera alta. Primeiro plano. Quase caindo, assusta-se ao ver...
15	Idem ao plano 12. Subjetiva. Temperatura sobe ainda mais;
16	Idem ao plano 14. Assustado, tenta erguer-se, levanta mão, tentando fechar registro;
17	Plano detalhe. Sua mão sobre registro, tenta fechar mas sucumbe;
18	Idem ao plano 12. Temperatura subindo;
19	Idem ao plano 04;
20	Idem ao plano 18. Temperatura atingindo limite;
21	Idem ao plano 04. Plano geral da fábrica, com sensação de ritmo mais intenso;
22	Idem ao plano 03. Freder observa;
23	Idem ao plano 21;
24	Idem ao plano 20. Temperatura no limite;
25	Idem ao plano 23. Primeiros sinais de explosão. Fumaça em jatos atingindo trabalhadores, que voam para longe (Plano não presente na cópia da Cinemateca);

26	Idem ao plano 05. Fumaça. Trabalhador sendo jogado para trás;
27	Plano de conjunto. Câmera simula explosão, conjugada com movimento de Freder, que tenta se aproximar mas sofre impacto da explosão, caindo para trás;
28	Idem ao plano 25. Jatos de fumaça por toda parte. Trabalhadores sendo lançados para os lados, caindo de grande altura. Fumaça cobre fábrica;
29	Plano de conjunto. Detalhe da fábrica. Fumaça cobre todo o cenário em explosões. Trabalhadores caindo;
30	Idem ao plano 28;
31	Plano de conjunto. Ao pé da escada, coberta de fumaça, trabalhadores passam correndo, um sai correndo do meio da fumaça, cambaleando, tirando camisa;
32	Plano de conjunto. Freder, ao chão, observa, assustado. Algo acontece;
33	Idem ao plano 28. Plano geral fábrica. Primeira visão do Moloch, surgindo por detrás da fumaça, que se dissipa;
34	Plano médio. Freder observa, atônito;
35	Intertítulo: "Moloch!";
36	Idem ao plano 33. Bloco de trabalhadores subindo as escadas, cabisbaixos, ritmados. Dois guardiões à espera, junto à boca do Moloch;
37	Idem ao plano 34;
38	Plano de conjunto. Trabalhadores amarrados, como escravos, nus, muitos com a cabeça raspada, açoitados, sendo obrigados a subir as escadas;
39	Plano de conjunto. Boca do Moloch. Trabalhadores, tal qual no plano anterior, obrigados a entrar na boca, onde se vê fumaça e pistões em ritmo frenético, dando impressão de inferno, para serem engolidos pela máquina (Plano não presente na cópia da Cinemateca);
40	Idem ao plano 36. Blocos de trabalhadores marchando, subindo escadas. Pistões a pleno funcionamento. (Na cópia da Cinemateca, este plano tem maior duração, estendendo-se mais) Fusão;

41	Plano de Conjunto. Freder observa, incrédulo;
42	Plano geral da grande fábrica, de volta ao normal. Alguns corpos são retirados. Chegam os trabalhadores que vão substituir os mortos ou feridos. Retomam suas posições mecanicamente, voltando ao ritmo anterior;
43	Plano de conjunto. Freder junto à parede ao fundo. Em primeiro plano, silhueta de trabalhadores passando sobre macas ou carregados. Freder observa, aproxima-se;
44	Idem ao plano 42. Volta ao ritmo de trabalho;

A construção da sequência apoia-se na montagem, esta entendida tanto na composição cênica e no enquadramento, quanto na relação dos planos. Assim como na abertura do filme, o espectador é apresentado a uma construção de sentido, ele participa do processo. A eventual sugestionabilidade sonora permeia a sequência, estando presente já no movimento ritmado dos funcionários trabalhando. Dentro dessa rotina, que envolve máquinas, rodas, luzes, jatos de fumaça, todos ritmados, um acidente começa a se configurar, na medida em que um funcionário não consegue acompanhar o ritmo da usina/fábrica e o controle de temperatura começa a subir, resultando numa explosão. Novamente temos um crescendo e o tempo articulado em função dessa disritmia. Lang não mostra a explosão de uma única vez: ele a constrói, retarda, anuncia o que pode acontecer e, enfim, consuma o inevitável.

A tensão é construída. A situação ocorre aos poucos, elaborada por enquadramentos sobre detalhes da tragédia por vir, aumentando a expectativa: o operário está próximo ao esgotamento de suas forças; ajoelha-se; tenta fechar uma válvula; temperatura aumenta; olhos arregalados do operário; sua mão escorrega; funcionários trabalhando; temperatura aumenta, chega ao máximo; explosão. Até o desfecho, um longo caminho é percorrido, plano-a-plano ocorre uma construção de sentido.

Soma-se a isso a expressividade do ator, detalhada conforme o desejo do diretor. Trata-se de um trecho em que os elementos visuais são explorados ao extremo, escolhidos cuidadosamente e articulados de modo a obter um impacto junto ao espectador.

Retomando a conceituação de Deleuze sobre a imagem do cinema "mudo", esta é tomada por verdadeira, "naturalizada". Sendo assim, ela é explorada ao extremo, trabalhada de forma a prender a atenção do espectador para cada detalhe mostrado.

E eis que surge o Moloch, anunciado por um intertítulo estilizado, e, através de uma fusão, a visão do terror, os trabalhadores sendo levados ao fogo, engolidos pela máquina. Temos aqui a manipulação de tempo e espaço, a passagem para um tempo imaginário, um espaço paralelo. E logo tudo volta à rotina. Mais uma vez a passagem do ritmo constante para o caos e a volta ao ritmo inicial.

A sonoridade da sequência é por vezes sutil, sendo ela especialmente construída sobre o conceito de ritmo. A tensão criada – o retardamento do tempo, a iminência da explosão, planos plasticamente elaborados –, todos esses elementos nos traçam um paralelo com uma ideia sonora, musical que seja. A recorrência ao plano geral da fábrica em funcionamento, intercalada com planos da temperatura subindo e atingindo o ápice, faz com que tenhamos a sensação de ritmo acelerado, mesmo que o plano seja o mesmo anterior. Chegamos àquilo que Eisenstein ilustra como recorrência para transmissão da ideia sonora, bem como à construção toda feita sobre a montagem. Ao final,

Momento da explosão e visão do Moloch

o Moloch, atemporal, composto por jogos de luz, por chicotadas levando os trabalhadores às chamas; eles serão engolidos pelos pistões em constante movimento, fumaça, névoa, também elementos sonoros acompanhando o delírio de Freder. Posteriormente, temos a volta ao ritmo normal, partindo do zero, retomando o funcionamento, o que nos enfatiza a ideia de ritmo, a oposição entre a parada total e o apogeu, em movimento.

No caso da menção anterior aos intertítulos – os quais, na concepção de Lang, participavam do conjunto, partilhavam o papel de elemento de montagem –, queremos frisar o fato de serem trabalhados, desenhados, ou mesmo virem em trucagem. É o caso dos intertítulos de "Babel", quando da revolta dos trabalhadores: a palavra "Babel", animada de forma a indicar derramamento de sangue, num crescendo, aumentado de tamanho por meio de cortes, indica a revolta dos trabalhadores, prontos a se rebelar. Na sequência do Moloch, também a presença de um intertítulo anuncia algo anormal:

Nas cópias da época, os intertítulos deviam participar do dinamismo do filme: "Os próprios intertítulos, que sobem e descem, giram, decompostos em luzes ou dissipados em sombras, fundem-se num movimento geral: eles também tornam-se uma imagem"[15].

Talvez a maior prova dessa consciência da participação do intertítulo na construção geral esteja na sua eventual ausência: este não se mostra abundante. Em toda a sequência, encontramos uma cartela anunciando a entrada na Cidade dos Trabalhadores e outra somente quando Freder pede para ser levado até seu pai, ao final da sequência. Durante esse intervalo de tempo, há um único intertítulo, estilizado, justamente para anunciar o que está para surgir: o "Moloch". Novamente o recurso da animação e o objetivo de dinamizar o intertítulo, fazendo-o participar da ação. Se pensarmos em termos de uma sugestão sonora, tal conceito nos leva ao fato de que o crescimento de ritmo seja mantido ou até mesmo acentuado, pois o que está por vir é parte desse crescendo. É como se o intertítulo fizesse parte da partitura, fosse entendido enquanto parte da música, não havendo possibilidade de quebra, de ruptura.

15. Lotte Eisner, *op. cit.*, p. 106. A citação reproduzida pertence a Luís Buñuel.

Terceiro trecho de análise:
Freder "ouve" Maria tentando fugir de Rotwang

Após termos escolhido um trecho que nos introduz a um dos aspectos mais valorizados por Lang – as trucagens, inovações técnicas –, e outro, que se baseia na montagem, proporcionando uma sensação sonora mais sutil, em cima do conceito de ritmo; vejamos agora um trecho no qual a referência sonora faz-se presente na ação propriamente dita. Logo após encontrar Freder nas antigas catacumbas, Maria combina com ele um encontro na Catedral. Sem saber, Maria está sendo observada por Rotwang, agora incumbido por Joh Fredersen de transmitir sua imagem ao robô. A saída dela das catacumbas é uma das sequências mais interessantes de *Metropolis*, na qual a presença do som mostra-se ativa e é construída sobre os elementos de cenário e iluminação.

Ao caminhar pelos escuros túneis, Maria leva uma vela para conduzi-la. Mas eis que a ideia de ser observada e perseguida começa a ficar clara quando Rotwang deixa cair um tijolo, o que assusta a moça. O corte em função da reação de Maria revela que ela escutou algo caindo. O restante da sequência é feito em cima da ideia de escuridão, da dificuldade em caminhar pelos corredores da catacumba, depois pela perseguição feita por Rotwang seguindo-a com uma lanterna, na verdade conduzindo-a até o local para onde ele deseja levá-la.

O trecho seguinte é construído sobre a mesma base, reforçando a ideia de "ouvir" e guiar-se pelo som. Não encontrando Maria na catedral, Freder caminha pelas ruas de Metropolis, passando em frente à casa de Rotwang, onde ela grita por socorro, tentando fugir das garras do inventor. Vejamos a sequência plano-a-plano[16]:

---

16. No caso desta sequência, optou-se por utilizar a versão de Giorgio Moroder, por ser mais completa. Na verdade, existem poucas diferenças entre a versão de Moroder e a da Cinemateca, consistindo mais em ordem de um ou outro plano ou duração. De qualquer forma, as duas se assemelham bastante.

Plano	Descrição
01	Intertítulo: "Freder esperou por Maria, ignorando que Rotwang a havia aprisionado" (*versão Moroder*) "Maria estava presa na casa de Rotwang" (*versão Cinemateca*).
02	Casa de Rotwang. Primeiro plano de Maria. Olha para o lado, reagindo a algo (porta? passos?). Assusta-se.
03	Plano americano. Rotwang, de costas, aproxima-se de Maria, ao fundo, encolhendo-se e afastando-se.
04	Plano americano. Maria afasta-se. Procura por onde fugir.
05	Plano de conjunto. Maria puxa mesa, coloca-a entre ela e Rotwang
06	Intertítulo: "Eu darei seu rosto ao robô" (*versão Moroder, na verdade sobre a imagem e não em separado*) "Venha, farei um robô idêntico a você" (*versão Cinemateca*).
07	Primeiríssimo plano. Hel, o Robô.
08	Idem ao plano 05. Rotwang tenta puxar mesa, Maria resiste.
09	Plano geral. Freder andando desconsolado pelas ruas de Metropolis. Movimento ao fundo.
10	Plano de conjunto. Rotwang atira-se sobre Maria, tentando segurá-la. Maria debate-se.
11	Plano médio. Idem à ação anterior.
12	Contracampo. Maria resiste e consegue afastar Rotwang, empurrando-o.
13	Idem ao plano 10. Maria sobe na mesa. Rotwang tenta puxá-la.
14	Plano de conjunto. Freder andando pela rua; rua com pouco movimento.
15	Maria agarrada à grade no teto, junto à janela. Grita. Rotwang puxa-a. Câmera alta, vendo a partir do lado de fora.
16	Interior da casa. Plano americano. Maria tenta afastar Rotwang.

17	Idem ao plano 15.
18	Plano americano. Freder, diante da casa de Rotwang, "escuta" gritos e vira-se.
19	Subjetiva de Freder, olhando a casa, "procurando" fonte sonora.
20	Câmera alta. Maria gritando em primeiro plano, prendendo-se à grade no teto.
21	Primeiro plano. Freder ouvindo grito e chamando "Maria" (sem intertítulo). Nervoso.
22	Idem ao plano 17.
23	Idem ao plano 18. Freder ouve e corre até a casa. Bate na porta desesperadamente.
24	Idem ao plano 16. Maria, sem forças, solta uma das mãos. Rotwang puxa-a.
25	Primeiro plano. Freder, de costas, batendo insistentemente na porta.
26	Idem ao plano 24.
27	Primeiro plano. Maria grita. Mão de Rotwang cobre seu rosto.
28	Plano de conjunto. Rotwang segura Maria, que cai, desmaiada.
29	Plano de conjunto. Freder, de costas, esmurrando a porta, que se abre sozinha. Freder olha assustado, acaba entrando.
30	Plano americano. Freder entrando na casa, com cuidado.
31	Idem ao plano 29. Porta se fecha sozinha.
32	Idem ao plano 30. Freder se vira. Examina a porta. Tenta abri-la, quando "ouve"...
33	Contracampo. Porta ao final do corredor abre-se, sozinha, lentamente.
34	Plano de conjunto. Freder correndo até a porta.
35	Idem ao plano 33. Freder correndo, passando pela porta.
36	Plano de conjunto. Freder na sala de Rotwang. Olha.
37	Subjetiva de Freder. Observa escada que leva à parte debaixo da casa.
38	Idem ao plano 36. Freder olha ao redor.

39	Vê outra porta aberta.
40	Idem ao plano 38. Freder corre.
41	Idem ao plano 39. Ao chegar próximo à porta, Freder vira-se, pois "ouve"...
42	Idem ao plano 40. Porta se fecha sozinha.
43	Idem ao plano 41. Agora a outra porta se fecha atrás de Freder. Ele se vira. Tenta abri-la. Esmurra a porta. Vira-se novamente e sai correndo.
44	Idem ao plano 37. Freder corre até a escada, desce.
45	Plano de conjunto. Câmera alta. Freder descendo escada, outra porta abre-se sozinha. Freder detém-se, assustado. Examina.
46	Plano de conjunto além da porta. Freder estuda seu próximo movimento. Pega um pedaço de madeira e adianta-se. Observa o novo cômodo.
47	Subjetiva de Freder, examinando sala. Panorâmica de direita para esquerda. Portas fechadas.
48	Idem ao plano 46. Freder vira-se e coloca madeira de forma a segurar porta, impedindo-a de fechar. Sai correndo.
49	Plano americano. Freder tentando abrir uma das portas. Vira-se ao "ouvir"...
50	Idem ao plano 46. Porta fecha-se sozinha, quebrando madeira. Freder tenta abri-la, não consegue. Esmurra a porta.
51	Plano médio. Freder bate na porta, joga-se contra ela. Desiste, sem fôlego. Vê algo, seus olhos fixam-se em algo.
52	Plano detalhe. Um pedaço de roupa.
53	Idem ao plano 51.
54	Subjetiva de Freder, dirigindo-se até o pano, sua mão em quadro para direita.
55	Plano médio. Freder com o pedaço de roupa, pensativo. Assusta-se com algum pensamento. Bate na porta e grita: "Maria". Fusão para transformação.

Planos que ilustram a sequência: Maria prendendo-se à grade, pedindo ajuda (plano 10); Maria gritando, o que chamará a atenção de Freder (plano 15); Maria desmaia (plano 27; na verdade a mão é de Fritz Lang, marca registrada em todos seus filmes); Freder na sala de Rotwang, indo em direção à porta (plano 40); Freder descendo escada, em direção ao porão da casa (plano 44).

Encontramos nesta sequência uma associação muito clara entre ação e reação em função do som e da montagem. O grito de Maria atrai a atenção de Freder, levando-o até a casa de Rotwang. Visivelmente, sem necessidade de intertítulo, Freder chama por Maria. O uso de câmera subjetiva, revelando o ponto de vista principalmente de Freder, é outro pilar da sequência, contribuindo para sua construção. O momento em que os gritos de Maria cessam, quando ela desmaia, coincide com a porta de entrada da casa de Rotwang, que se abre sozinha. A partir de então, o elemento sonoro passa a ser as portas, abrindo e fechando sozinhas e conduzindo Freder.

Trata-se de uma sequência em que o som (sugerido, indicado) de certa forma conduz a ação. A montagem é claramente determinada por dois aspectos: os elementos sonoros (gritos e portas) e pelos pontos de vista (câmera subjetiva). Soma-se a isso a ação dos atores, reagindo às referências sonoras. No geral, são elementos visuais mas ao mesmo tempo sonoros, marcando a presença de um algo mais.

Sonoramente, é uma sequência rica. O espectador pode "ouvir" claramente os gritos, os chamados tanto de Freder, quanto de Maria, bem como as batidas de porta, Freder esmurrando as portas, seus rangidos no tempo certo para obter a reação do ator. Novamente, o uso dos intertítulos acompanha a ação, apresentando-se num único momento, quando da menção do robô, enfatizando a ideia de transmitir a imagem de Maria a Hel.

Desta maneira, acompanhamos três sequências com características distintas quanto à projeção de elementos sonoros, ou de certa sonoridade, sugerida. Ao longo de *Metropolis*, outros momentos apresentam características semelhantes, como a experiência de Rotwang em que dará ao robô a imagem de Maria, os pesadelos de Freder, as aventuras da falsa Maria em Yoshiwara, a inundação da Cidade dos Trabalhadores, a revolta e a perseguição na Catedral. Porém, todos apoiam-se basicamente nos mesmos elementos que essas três sequências analisadas empregam para transmitir uma sugestão sonora.

Análise de M, o Vampiro de Düsseldorf

Considerações iniciais

Para efeitos de análise neste livro, o filme sonoro escolhido foi *M, o Vampiro*, de Fritz Lang. Realizado em 1931, nos primórdios do advento do cinema sonoro, *M* é tido como um dos primeiros filmes a utilizar o som dramaticamente dentro da narrativa. Tendo sido também o primeiro filme sonoro de Fritz Lang, *M* foge à prática inicial do cinema sonoro de reproduzir todos os sons presentes na cena, ao optar por uma seleção sonora. Ou seja, no filme há a escolha de quais sons são relevantes e como seu uso em determinadas situações e de modo específico pode aumentar o impacto dramático das cenas e do filme como um todo. *M* vai além disso, na medida em que, por exemplo, o elemento sonoro do assobio (a melodia de Grieg) é relacionado ao personagem do assassino. Esta associação torna-se um elemento fundamental ao longo do filme: além de permitir a identificação do assassino, no final do filme ela é relembrada por um vendedor de balões cego que, momentos antes de a pequena Elsie Beckmann ser assassinada, ouviu M assobiar a melodia em sua companhia. É de certa forma irônico pensar que Fritz Lang, ao colocar-se como uma pessoa visual, que para sua infelicidade apreendia as coisas pelas imagens e não pelo som, tivesse de recorrer ao personagem de um vendedor cego para utilizar o som dramaticamente. Pode-se considerar que, para pensar construtivamente o som na narrativa, torna-se necessário fechar os olhos.

Para uma análise mais detalhada, foi escolhida a sequência inicial de *M*. Tal escolha deve-se a vários motivos:

1) sendo uma sequência inicial, ela preenche todas as funções que se espera de uma abertura de filme, segundo uma narrativa clássica. Somos apresentados aos elementos principais do filme: a situação central, o conflito – a presença de um assassino aterrorizando a cidade –, e o modo de ação do assassino, identificado pelo assobio (não vemos seu rosto, só sua silhueta);

2) trata-se de um trecho que de certa forma fecha-se em si mesmo. Além de introduzir o conflito central do filme,

ele narra a morte da pequena Elsie e o sofrimento da mãe. Neste trecho inicial, Elsie é o centro da atenção. A sequência apresenta um começo, meio e fim, com direito até a *fade in* e *fade out*;

3) mesmo apresentando uma coerência dentro de si mesma, a sequência incumbe-se de introduzir elementos fundamentais dentro da narrativa: o balão comprado por M, o vendedor cego, a associação de M ao as-sobio da melodia de Grieg;

4) a maneira como o som é utilizado logo na primeira sequência, associado à narrativa. Como dissemos, o assassino é identificado somente pelo assobio, sem que tenhamos visto seu rosto (só sua sombra). O próprio recurso à sombra do assassino sobre o cartaz que promete uma recompensa é um recurso imagético que se basta por si só, não precisando de nenhuma intervenção de diálogo, por exemplo. Outra colaboração sonora na sequência inicial é o modo como a cena da mãe chamando pela filha, sobreposta a imagens simbólicas (o pátio vazio, a bola rolando, o balão perdendo-se no céu), torna maior o impacto dramático, mesmo sem termos visto o assassinato. Isto é deduzido, não precisa ser explicitado.

5) a articulação espaço-temporal que o som ajuda a construir, trabalhando um longo espaço de tempo e articulando espaços diversos num trecho curto, introdutório, unindo os diferentes elementos pela síntese (ideia) do assassinato.

Assim sendo, vamos analisar a sequência plano-a-plano, detalhando sua construção sonora em conjugação com a articulação das imagens.

IMAGEM	SOM
Apresentação e letreiros: Nomes dos componentes da equipe técnica e do elenco sobre fundo escuro, no qual se distingue – não nitidamente – um vulto.	Melodia de Grieg – que por si só já é de fácil assimilação – apresentada.
Plano 01: *Fade in*. Plano sequência. Em *plongée* (câmera alta), vemos uma garotinha comandando uma brincadeira de roda com outras crianças. A câmera move-se lentamente para a esquerda (torna-se *contra-plongée*), focalizando uma espécie de sacada, com varais estendidos e uma mulher carregando um cesto onde coloca roupas. A mulher vem até o corrimão e repreende as crianças. Vira-se e vai para a porta do fundo.	Som das crianças brincando, menina comandando. Mulher repreende as crianças: "Calem-se com esse lenga-lenga. Ouviram?". Cria-se espaço *off*: crianças interrompem, voltando a brincar quando a mulher vai para o fundo.
Plano 02: Plano médio até plano americano. Mulher do plano anterior diante de uma porta. Toca campainha. Distingue-se corrimão, indicando lance de escada acima e outro abaixo. A porta é aberta por uma mulher mais magra. Câmera se aproxima. Mulher mais magra recebe cesto de roupas da primeira, preocupada.	Diálogo: *Frau Beckmann*: Que tem? *Mulher 1*: Tanto faz proibir as crianças como nada. Como se não bastasse o que dizem do assassino. *Frau Beckmann*: Ao menos enquanto cantam sabemos onde estão (*overlap* para plano seguinte).
Plano 03: Contracampo. Câmera dentro do apartamento de Frau Beckmann. Entra com cesto. Mulher 1 na porta. Fecha-se a porta.	Diálogo: *Mulher 1*: Tem razão.

Plano 04: Plano médio. Câmera fixa. Frau Beckmann põe cesto sobre móvel, vira-se, arregaça mangas e torna a esfregar roupas.	Som ambiente.
Plano 05: Plano americano. Câmera fixa. Frau Beckmann esfrega roupa. Batidas de relógio *off*, ela ergue a cabeça.	Som ambiente. Em *off*, batidas de relógio (*overlap*).
Plano 06: Câmera subjetiva. Relógio na parede, marcando meio-dia.	Batidas de relógio.
Plano 07: Idem ao plano 05. Frau Beckmann sorri e limpa as mãos.	Batidas de relógio em *off* (*overlap*).
Plano 08: Plano geral. Fachada de um edifício. Câmera do outro lado da rua em *contraplongée*. Crianças passando e uma grande porta.	Som ambiente: em *off*, buzinas e trânsito.
Plano 09: Garotinha (Elsie) tenta atravessar a rua. Na calçada, tenta uma primeira vez: põe pé na rua, ouve-se buzina (*off*), ela recua, um carro passa. Pes-soas andam pela calçada, um guarda vem até Elsie. Ergue braço, para trânsito, fala algo para ela e a conduz até o outro lado da rua. Sobre a calçada, uma placa onde se lê *Schule* (escola).	Som ambiente. Buzina *off* antecipando carro que passa. Apito do guarda.
Plano 10: Plano americano. Apartamento. Frau Beckmann arrumando a mesa para o almoço. Ajeita algo na mesa e vira-se para fazer outras coisas.	Som ambiente, ruídos.

Plano 11: Elsie anda pela calçada (*plongée*, plano médio), batendo bola de plástico. Pára diante de um poste, onde começa a bater bola e no qual é enquadrado um cartaz. Câmera aproxima-se, permitindo ler "10.000 marcos de recompensa a quem ajudar na captura do assassino". Sobre o cartaz surge uma sombra (cobrindo a palavra assassino) que vai na direção da menina. Diálogo.	Som ambiente, ruídos. Diálogo: *M*: Você tem uma linda bola. Como se chama? *Elsie*: Elsie Beckmann. (em *off*, primeira vez que ela se identifica.)
Plano 12: Apartamento. Frau Beckmann prepara o almoço. Vira a cabeça para a direita, olha.	Som ambiente.
Plano 13: Apartamento. Câmera subjetiva, mostrando relógio (12:30).	Som ambiente.
Plano 14: Continuação do plano 12. Frau Beckmann continua preparando almoço. Demonstra preocupação, para o que está fazendo, tampa a travessa, vira-se e enxuga as mãos. Panorâmica a acompanha até a porta, que ela abre.	Som ambiente, ruídos.
Plano 15: Plano conjunto. Câmera subjetiva. Crianças subindo um lance de escada apressadamente. Frau Beckmann fala *off*. Crianças param, olham em direção à câmera (Frau Beckmann) e respondem.	Som ambiente, ruídos. Diálogo: *Frau Beckmann* (*off*): Elsie não veio com vocês? *Crianças*: Não saiu da escola conosco.

Plano 16: Plano médio. Câmera em *contraplongée* mostra Frau Beckmann olhando para crianças. Então olha para baixo pelo vão da escada, procurando Elsie. Ergue a cabeça e, demonstrando desapontamento, vira-se, entrando no apartamento. Fecha a porta.	Som ambiente, ruídos. Crianças e portas *off*. Silêncio.
Plano 17: Plano conjunto. Câmera alta (*plongée*). Numa calçada, Elsie, M (de costas) e um vendedor de balões. M assobia a melodia enquanto compra o balão. Elsie pega o balão, puxa-o para si, agradece gentilmente M. Sai de campo junto com ele e o vendedor – quase imóvel, com uma placa em seu peito, onde se lê *Blind* (cego) –, põe o dinheiro no bolso.	Som ambiente. Assobio de M (melodia de Grieg). Diálogo: *Elsie* (para M): Muito obrigada.
Plano 18: Plano americano. Interior do apartamento. Frau Beckmann de costas, trabalhando na pia. Campainha (*off*) chama sua atenção. Ela ergue a cabeça, surge um sorriso em seu rosto. Vai até a porta. Abre, vê-se um homem com chapéu. Diálogo. Frau Beckmann abaixa a cabeça, pega o jornal, vira-se para a esquerda e sai momentaneamente de quadro. Ficamos vendo o homem na porta. Diálogo. Frau Beckmann volta a campo. Diálogo.	Som ambiente. Campainha em *off*. Diálogo. *Herr Gerke*: O folhetim, Frau Beckmann… É sensacional! *Frau Beckmann* (*off*): Herr Gerke… Não viu Elsie? *Herr Gerke*: Não subiu as escadas com os outros? *Frau Beckmann*: Não… Ainda não chegou.

	Herr Gerke: Não deve tardar, Frau Beckmann.
Herr Gerke vira-se, despede-se e vai para outro andar. Frau Beckmann vai até o corrimão e olha pelo vão da escada.	Silêncio.
Plano 19: Câmera subjetiva. Visão do vão de escada (vazio).	Voz (em *off*) de Frau Beckmann chamando angustiada: "Elsie!"
Plano 20: Continuação do plano 18. Frau Beckmann volta para dentro do apartamento. Fecha a porta. Enquadrada lateralmente, dirige seu olhar para a esquerda.	Som ambiente (silêncio), ruído da porta.
Plano 21: Câmera subjetiva. Relógio de parede mostra 13:15.	Som ambiente.
Plano 22: Interior do apartamento. Frau Beckmann de costas diante de uma janela, a qual ela abre. Põe a cabeça para fora.	Diálogo: *Frau Beckmann*: Elsie! (chama duas vezes, voz cada vez mais angustiante)
Plano 23: Idem ao plano 19 (não mais subjetiva).	Som ambiente.
Plano 24: Pátio do prédio (idem ao plano 01), parcialmente escuro. Varais estendidos, algumas roupas penduradas. Nenhum movimento.	*Frau Beckmann* (*off*): "Elsie!" (voz já mais fraca, reverberando)
Plano 25: Apartamento. Câmera alta (*plongée*). Canto da mesa reservado para Elsie. Cadeira.	*Frau Beckmann* (*off*): "Elsie!"
Plano 26: Câmera alta (*plongée*). Terreno baldio. Sombra de árvores no chão (terra, com folhas e alguma grama). A bola de Elsie entra rolando pela direita e para.	*Frau Beckmann* (*off*): "Elsie!" (distante, fraca)

Plano 27: Câmera baixa (*contraplongée*) enquadra um poste de luz e fios. O balão que Elsie ganhara de M sobe, perdido: choca-se contra os fios e vai para o alto. *Fade out.*	*Frau Beckmann* (*off*): "Elsie" (distante)

Análise

A maneira notável pela qual o som se apresenta na construção dessa sequência inicial nos permite fazer considerações mais aprofundadas sobre a relação entre som e imagem. Comecemos por uma análise num nível mais simples, mais primário. Percebe-se um tratamento meticuloso na construção da sequência. Além de uma utilização cuidadosa e pensada dos elementos sonoros, Lang é detalhista nos elementos visuais que utiliza, como se nada lhe fugisse ao controle. Pode-se dizer, ainda, que Lang é visual ao extremo, aproveitando ao máximo os elementos visuais diegéticos. Por exemplo, no equilíbrio entre os elementos delegados ao som e os enquadrados visando leitura, puramente visuais. É o caso do cartaz anunciando a procura do assassino e a recompensa por sua captura. Aos diálogos e demais situações (como a conversa entre as mães), é deixada a função de mostrar o ambiente em torno da situação geral que afeta a cidade. O cartaz aparece para esclarecer definitivamente aquilo que antes permanecia no ar, que era mais uma suposição do que propriamente um fato claro ao espectador. É dado o tempo de leitura, para que o espectador entenda o seu papel na construção. E é nesse momento que a preocupação central da narrativa, o personagem principal e condutor da trama, é apresentado. Lang compõe o enquadramento de modo a associar o assassino do cartaz a uma figura, a uma voz e a um assobio. Nesse momento, agrupam-se elementos de diferentes naturezas: o elemento a ser lido, o puramente visual (a sombra do assassino) e o sonoro (a fala e o assobio).

É a partir da concepção colocada por Munsterberg e muito aprofundada por Eisenstein – conjugando a ideia de montagem em relação à construção da cena, desde o enquadramento, ou seja, a noção de decupagem –, que encontramos em Lang uma articulação entre o imagético e o sonoro. Lang conhece os elementos com os quais deve trabalhar: a sugestão de uma série de crimes no diálogo inicial, a confirmação da existência de um assassino em série através do cartaz (que, por sua vez, fará a associação com uma sombra e um assobio). O *close*, neste caso, vai para o cartaz, proporcionando o tempo necessário, ao espectador, para fazer a conexão e, ainda por cima, estabelecer a associação fatal em relação à consumação do assassinato. Os elementos dessa construção são claros e bem definidos, cabendo colocá-los e relacioná-los no seu devido tempo.

Ainda dentro de uma elaboração visual, encontramos detalhes como a placa no pescoço do vendedor, indicando "Cego", na verdade uma reiteração, visto que sua caracterização – imobilismo, olhar parado, perdido – já é suficiente para entendermos sua situação. O mesmo com a placa *Schule*, para indicar a escola, um prédio grande de onde saem crianças, com a ajuda de um guarda para auxiliá-las na travessia da rua (ver fotos adiante). Mesmo nessa redundância do visual com o elemento a ser lido, Lang não recorre ao diálogo para explicar aquilo que fica claro através dos elementos visuais. Mas, ao mesmo tempo, apesar do que se poderia considerar uma redundância, Lang não se apega a essas placas a ponto de enquadrá-las em *close*, o que se poderia esperar na época do cinema "mudo". Temos aqui, de certa forma, um exemplo da reflexão mencionada por Hitchcock sobre composição visual e diálogos, isto é, a distribuição entre os diferentes recursos, deixando para os diálogos somente as informações imprescindíveis.

O uso dos diálogos fica restrito ao essencial para centralizar a ação da sequência. São funções do diálogo: revelar nome de personagens, colocar a situação de temor ao assas-sino que permeia a vida das mães naquela cidade, expressar preocupações. Ainda como elemento visual, é utilizado o relógio, permitindo a leitura das horas e, assim, introduzir a pas-sagem de tempo, fundamental dentro da sequência.

Neste ponto, talvez tenhamos a primeira grande característica da sequência inicial de *M*, a ser conectada à parte teórica desenvolvida anteriormente, mais especificamente no

que se refere ao conceito de imagem segundo Deleuze. Como vemos, Lang distribui com clareza os seus elementos composicionais, manipulando-os de forma a obter seu efeito desejado: existe o momento do diálogo, o momento mais visual, a atenção dirigida ao cartaz para a leitura, a sombra refletindo sobre o alerta, o assobio. Tal como visto em Deleuze, o som modifica a imagem visual. Porém, Lang articula muito bem não só tal característica, como também seu oposto, ou seja, a imagem do cinema "mudo". Quando é de seu interesse atrair a atenção para a imagem e fazer com que o espectador a tome por "verdadeira", por natural, ele o faz, não utilizando nenhum elemento em especial em termos sonoros, nenhuma associação. Conscientemente, Lang utiliza o som para estabelecer a associação desejada, para modificar a imagem. A sombra do assassino que surge diante do cartaz não é a de um assassino qualquer, mas sim a do denunciado no alerta e que, ainda por cima, assobia aquela melodia em específico.

Da mesma forma, a voz sobre os objetos que indicam a morte de Elsie constroem um sentido novo, aprofundam o sentimento e confirmam o inevitável.

A meticulosidade de Lang quanto à composição das cenas é vista também com clareza no interior do apartamento de Frau Beckmann. Esse espaço é devidamente recortado, enfatizando seus elementos visuais essenciais, aqueles através dos quais se pode extrair um sentido especial. Ainda que não respeite rigorosamente a geografia da cozinha/sala (provavelmente um estúdio; se fizermos uma planta baixa do espaço, veremos que existem "falseamentos", prática comum numa filmagem), Lang mostra-se consciente dos elementos a serem enquadrados a cada momento: além do relógio já citado, a mesa posta, a cadeira vazia, o vão entre as escadas e a ausência de movimento. A cozinha/sala é sempre recortada, em nenhum momento é mostrada por inteiro. A ação da mãe e os detalhes, intercalados numa montagem paralela que contrapõe as duas ações simultâneas, caracterizam a agonia de uma mãe dona-de-casa pobre, muito bem caracterizada, pressentindo a perda de sua filha. Todos os elementos até então colocados – relógio, a bola, o balão, o almoço – juntam-se para completar o sentido da sequência: mesmo sem ver o crime, nós o "presenciamos". Daí a sequência fechar-se em si mesma, ter um começo, meio e fim dentro dela própria. E como elemento arrematador aparece o som, no caso o grito desesperado da mãe, sobrepondo-se aos planos que sugerem o assassinato de Elsie.

Da mesma maneira que podemos citar os "falseamentos" e a manipulação em relação ao espaço, devemos necessariamente constatar o trabalho com a manipulação do tempo, fundamental para a sequência e corroborado em muito pelo uso do som. Tornamo-nos cientes dos elementos de composição da cena, cabendo apenas distribuí-los no devido momento. Lang utiliza-os de forma inteligente, buscando, como diria Eisenstein, provocar um efeito determinado. A sequência inicial tem, em si, o elemento tempo permeando-a: o horário da saída da escola, a chegada das crianças no prédio, o relógio no apartamento de Frau Beckmann. Mesmo as referências de diálogo tratam da demora: além da preocupação com o as-sassino à solta, os diálogos manifestam a preocupação de Frau Beckmann com o horário de chegada de Elsie, reiterada a cada campainha ou movimento no prédio. Temos, assim, um movimento duplo, ou seja, ao mesmo tempo que a ação, que em tempo real duraria cerca de uma hora e meia, dura cerca de seis minutos em tempo fílmico, por outro lado é ralentada, é manipulada de forma a aumentar a angústia, prolongando esse sentimento na mãe. Aquela espera torna-se uma eternidade, uma tortura para Frau Beckmann.

Não podemos nos esquecer também de enfatizar o papel do som na articulação desses diferentes espaços em diferentes tempos. Além do tempo ralentado ou estendido, os diferentes espaços – escola, prédio, apartamento, local do crime – são unidos, tornam-se parte da mesma ação, como se fossem um único espaço na mesma cena. O som dá o toque final de crueldade ao fim da sequência, quando vemos a bola rolando e o balão se perdendo no espaço, enquanto a voz de Frau Beckmann vai-se tornando também longínqua, vai perdendo sua força.

Voltando a uma análise mais detalhista, percebemos que a meticulosidade no uso do som complementa a elaboração visual, contribuindo para o dinamismo da sequência. Assim como encontramos uma extrema elaboração visual, incluindo os elementos visuais de leitura, presencia-se um equilíbrio na composição sonora, no que tange a ruídos, ambientes e diálogos. É importante notar, primeiramente, a ausência de acompanhamento musical. O único momento em que a música aparece é nos créditos iniciais, especificamente a melodia de Grieg, a qual será de fundamental importância para o desenvolvimento da narrativa. De fácil assimilação, a melodia vai ficando gravada na nossa memória desde o início, e é bom que nos acostumemos com ela. Ao longo da sequência não teremos mais música, somente a mesma melodia dos créditos iniciais assobiada pelo assassino, tornando-se sua "marca registrada" (uma vez que é associada à sua imagem). Nos momentos finais da sequência, temos outra demonstração de equilíbrio na composição de som e imagem: o grito de Frau Beckmann chamando por Elsie sobrepassa os planos que sugerem a morte da menina, bem como o seu chamado distante e agoniado, ao enfraquecer-se, soma-se a imagens que traduzem ausência, vazio. Nenhum acompanhamento musical ali é necessário. A associação imagem e som basta por si só.

A teoria de Eisenstein sobre a polifonia é, de certa forma, aqui exemplificada, pois a utilização da música segue conscientemente a ideia de reforço, de redundância. Ao invés de utilizar um acompanhamento musical que poderia tornar a sequência mais dramática, mais carregada, Lang relega à música a função de reforço do "tema do assassino", ou seja, carregando-a de função dramática. Cabe então reforçar a ideia desenvolvida anteriormente sobre a "insensibilidade" de Lang quanto à música clássica: mesmo sem ter um profundo conhecimento de música, seu forte conceito dramatúrgico leva-o à síntese, procurando dispor os elementos para obter o efeito desejado. A música é pouco utilizada, porém, quando o faz, é com uma finalidade muito bem definida.

Seguindo a proposta de o som assòciar-se ao filme em sintonia com o conceito de montagem, a seletividade sonora torna-se construtiva. O que ressaltar? A batida do relógio, o carro que se aproxima, o assobio de M, o chamado da mãe. Seleciona-se aquilo que for mais ou menos importante para a narrativa e trabalha-se com a ideia de modificação da imagem, de alteração da imagem visual. O restante é composto principalmente por ambientes simples, mais de composição, e que não alteram a imagem visual. Utiliza-se muito a proximidade ou até mesmo o recurso pleno ao silêncio. É como se se partisse do zero, silêncio, para salientar os elementos efetivamente importantes.

Destaca-se também o uso do campo *off* por meio do som. Tal recurso é usado desde situações simples, como o carro que buzina em *off* antes de Elsie atravessar a rua, até o chamado da mãe sobrepondo-se às imagens finais. O mesmo recurso possibilita situações como a do início, na qual uma mulher repreende as crianças mas, logo em seguida, ao conversar com Frau Beckmann, reconhece que o fato de ouvi-las cantar (o que continuamos ouvindo de fato) traz tranquilidade com relação ao assassino. A câmera encontra aqui maior mobilidade, não precisando ir até a fonte sonora para sugeri-la (e, consequentemente, reproduzir o som que ela emite). A ação prossegue, mais dinâmica, cabendo à câmera sublinhar os elementos mais importantes dentro da trama. O mesmo acontece com o som, mais seletivo e em conjunto com a imagem.

Como consideração final sobre *M*, vale lembrar, embora este trecho não faça parte da sequência inicial do filme, a maneira pela qual o assassino é identificado e "sequestrado" para ser levado a julgamento. Novamente, encontramos uma conjugação de elementos visuais e sonoros. Primeiro, a ideia de identificar o assassino com a marca "M", de *Mörder* ("assassino", em alemão). Trata-se mais uma vez de uma exemplificação da descrição de Deleuze sobre imagem visual, neste caso fazendo uso da palavra escrita como elemento puramente visual, tal como no cinema "mudo". Ocorre uma conjunção entre uma letra (aqui mais como símbolo) e uma imagem puramente visual, talvez numa das fotos mais celebrizadas do filme. O elemento sonoro desempenha sua função mais adiante, durante o julgamento, com a presença do cego vendedor de balões, relembrando a melodia reiterada ao longo do filme e confirmando a identidade do assassino.

Conclusivamente, retomando um aspecto citado anteriormente, Fritz Lang, talvez até mesmo por influência do teatro, chega a um princípio de decupagem segundo o qual

"cada enquadramento depende da ação, ao mesmo tempo que a determina". Cineasta de enorme experiência durante o período áureo do cinema "mudo", Lang inicia sua experiência no cinema sonoro aplicando o mesmo princípio ao som, num sentido duplo. Ou seja, o uso do som segue o desenvolvimento da ação, integrando-se a ela para conduzir a narrativa. Em termos de filme, isso significa integrar-se ao conceito de montagem. Em primeiro lugar, a câmera continua enquadrando a ação, sendo guiada por essa ação, em que é ao mesmo tempo determinada por ela, e usando o som como poderoso aliado, que ajuda nessa determinação. Em segundo, ele utiliza o som conforme a ação, determinando a leitura que se espera ter daquela ação e em associação com a imagem visual, ora sem modificá-la – a imagem do cinema "mudo", segundo Deleuze –, ora modificando-a. A composição torna-se mais elaborada, da mesma forma que possibilita mais recursos para a montagem da ação, ao expandir as possibilidades da gramática cinematográfica.

CONSIDERAÇÕES FINAIS

Basicamente, o estudo chega ao seu final vingando cumprir a proposta de discutir suas duas vertentes mestras:

1) analisar o desenvolvimento do som no cinema, desde o conceito cinema enquanto aparato, passando pela época "muda" e investigando maneiras de articulação de linguagem para representação sonora – lembrando-se também o constante acompanhamento sonoro-musical, programado ou improvisado – e, finalmente, a fase sonora, concentrando-se nas modificações trazidas pelo advento do som e na análise de como esse novo recurso se encaixa no todo fílmico;

2) analisar essa aplicação do conceito de desenvolvimento do som na prática, através de dois filmes de Fritz Lang, que, se por um lado pode-se dizer representa em *Metropolis* o apogeu do cinema enquanto arte visual, por outro lado, configura em *M, o Vampiro* o advento do som em seus primórdios; sendo que,

em *M*, também se exemplifica, de forma brilhante, o papel a ser desempenhado pelo som dentro do filme na época do cinema sonoro.

No conjunto, temos a visão de uma arte que exercita seus elementos componentes em dois momentos distintos, mas com o propósito único de buscar uma forma de expressão plena. Essa análise detalhada da construção fílmica e de sua articulação linguística foi obtida através do propósito comum ao cinema, em ambos momentos de sua história – segundo esse corte temático –, inerente a ele enquanto conceito: o desejo de retratar ou construir realidades e o trabalho com elementos básicos dessa construção, o tempo e o espaço.

Embora nos períodos "mudo" e sonoro tenhamos características diferentes – como na questão do estatuto da imagem ou no trabalho com a palavra –, o fato de termos esse tríplice alicerce (realidade, espaço e tempo), comum a ambos os períodos, remete-nos a conceitos mais profundos e arraigados à linguagem fílmica, especificamente a ideia de montagem, vista num conceito mais amplo, não se limitando ao conceito de corte. É justamente ao aliar-se à ideia de montagem que o som se encaixa no cinema, encontrando o seu papel dentro do filme e tornando-se ferramenta tão poderosa quanto a imagem – complementando e/ou modificando-a – para a construção de uma realidade.

Trata-se do mesmo princípio que tínhamos – com outra articulação – no cinema "mudo", tendo por material de base o mesmo trabalho com o tempo e o espaço.

Por outro lado, cabe aqui, como ênfase no "resultado" do estudo, uma breve incursão pelo cinema atual, marcado por adventos tecnológicos direcionados especificamente para o som, a fim de analisar um período rico tecnologicamente, verificando-se como se mantém essa relação e se ela se altera ou não.

A década de 1970 assiste, em todo mundo, ao advento do som estereofônico no cinema. Embora tentativas nesse sentido tivessem sido feitas ao longo dos anos, é só nessa década que tal tentativa se concretiza, principalmente quando o sistema Dolby é introduzido, impondo-se comercialmente com o sucesso de *Guerra nas Estrelas*[1]. Desde então, o progresso acentuou-se e novas tecnologias são introduzidas no cinema a cada dia: DTS, SDDS, Dolby Digital, sistema THX de reprodução etc. Todas as inovações, difundidas e consolidadas principalmente por filmes de ação e aventura, têm em comum o fato de procurar obter uma resposta ideal na cópia final de um filme e garantir que a mesma resposta será obtida na sala de cinema, quando de sua exibição. Resposta ideal aqui significa aproveitar toda a gama de frequências sonoras audíveis pelo ser humano (20 a 20.000 Hz)[2], da melhor maneira possível, procurando obter a mesma resposta na sala de cinema, reduzindo as perdas a que se estava sujeito anteriormente por conta de limitações físicas inerentes ao filme, processos químicos ou mesmo salas deficientes acusticamente.

Naturalmente, com as inovações tecnológicas o som adquiriu maior importância no cinema. Passou-se a valorizar muito mais o papel do som dentro de um filme. E, com isso, acentuou-se o papel do editor de som, muitas vezes também chamado de *sound designer*, uma função de destaque no filme, tamanho o encargo que lhe é reservado. É possível esperar-se que exista, por parte dos editores de som dos anos 70, 80 e 90, uma ênfase nas tecnologias emergentes, recorrendo muitas vezes ao efeito simplesmente pelo efeito, principalmente porque tais mudanças acarretam novidades num sentido mais técnico e prático do que numa visão teórica. Porém, é importante notar que, entre os principais editores de som (destacando-se

---

1. Visando um acompanhamento mais claro do processo de desenvolvimento sonoro e as características técnicas de cada sistema, sugiro a leitura de Eduardo S. dos Santos Mendes, *op. cit.*

2. O ouvido humano teoricamente percebe as frequências de 20 a 20.000 Hz. Por limitações físicas e químicas, relativas ao processamento das cópias em laboratório, o próprio tamanho da banda sonora na cópia, ou mesmo as condições dentro de uma sala de cinema, apenas parte desta gama de frequências era reproduzida quando da exibição de um filme. Partindo de filmes monofônicos, que reproduziam sons de 70 Hz até cerca de 8.000 Hz, passando por filmes em Dolby SR, que reproduzem de 50Hz até 15.000 Hz, chegamos aos sistemas como Dolby Digital, em salas com padrão de reprodução THX, que visam a reduzir a zero a perda na reprodução: ou seja, chega-se ao ideal de 20 a 20.000 Hz, que corresponde exatamente ao parâmetro de audição humana.

dois dos principais, Walter Murch e Ben Burtt), as ideias são claras quanto ao papel do som no filme (o que responde diretamente à nossa inquietação):

A criação de uma trilha sonora fílmica é – ou pelo menos tem o potencial de ser – uma arte, bem como um ofício. Especialmente dentro do contexto da narrativa fílmica, é um processo que envolve uma grande quantidade de seleção, união e orquestração de elementos sonoros individuais, os quais devem então ser mixados conjuntamente e com cuidado para criar um todo coerente. [...] Primeiro de tudo, o estudo do desenho da trilha sonora é essencialmente um questionamento sobre como ajudar a contar uma história com o som. Se há uma coisa que os cinco melhores profissionais *top* dessa área têm em comum, é que possuem fortes instintos de contar história[3].

Desde o início, reafirmou-se que o objetivo principal da edição de som é ajudar, com o som, a contar uma história. Sempre se está ligado à narrativa, a ideia é auxiliar sempre o propósito primordial do filme. Assim, reforçam-se todas as ideias anteriormente expostas acerca do papel do som como elemento de montagem, a serviço da narrativa. O que se quer enfatizar é o potencial cada vez maior deste elemento, uma vez que, com os novos adventos tecnológicos, tende-se a prestar maior atenção a ele, decorrendo daí a preocupação em criar um universo sonoro rico.

Em textos muito didáticos, tanto Ben Burtt, quanto Walter Murch, reforçam tal ideia, sugerindo como desenvolver uma concepção sonora para um filme:

Você pode fazer algo na trilha sonora que, por um lado, pode chegar a ser literal e tem um significado apenas dentro da naturalidade da cena, mas por outro lado – se você escolheu o som certo – tem um significado totalmente diferente que comenta a cena também. [...] Responder à questão certa é metade da batalha. "Sobre o que é o filme neste ponto? O que a imagem está nos mostrando? Como a trilha sonora deve se relacionar a ela? Não é apenas uma seleção natural de sons", afirma Burtt, "é a seleção de sons em relação à imagem – imagem que aconteceu, que vai acontecer, que está acontecendo agora". [...] [citando Walter Murch] "Quando você pensa primeiramente sobre uma cena, sua tendência é ser mais literal. Mas se você olha para ela de lado, em vez de confrontá-la diretamente – desde que você tenha essa visão lateral em vez da visão literal –, você poderá trazer coisas muito improváveis, mesmo assim você as coloca e elas parecem funcionar. Funciona porque, se é um som bem

---

3. John Michael Weaver, "The Art of Soundtrack Design", em Jeff Forlenza & Terri Stone (eds.), *Sound for Picture: An Inside Look at Audio Production for Film and Television*, p. 02. Tradução minha.

escolhido, a plateia (o que inclui você) responde a ele, tanto porque ele ressoa em relação a algo que está ocorrendo dentro dos personagens, quanto porque é razoável que esse som estivesse lá"[4].

Voltamos, desta forma, ao raciocínio do início do sonoro, quando se discute o papel do som no cinema e sua necessidade de aderir à montagem como instrumento. Mesmo com os novos avanços tecnológicos, a conceituação e a gramática permanecem as mesmas, o âmago mantém-se inalterado. Em seu livro, *In the Blink of an eye*[5], Walter Murch enfatiza essa posição, reforçando a necessidade de um permanente vínculo com a narrativa. Por isso, ele procura desmistificar, por exemplo, a ideia de que um filme com um bom som é aquele que possui grande quantidade de ruídos e efeitos, ou grande número de pistas de som, como se diz no jargão cinematográfico. O mesmo raciocínio é estabelecido em relação a outras etapas da realização de um filme, como a montagem:

Você nunca pode julgar a qualidade de uma mixagem[6] sonora simplesmente contando o número de pistas necessárias para sua produção. Terríveis mixagens podem resultar de centenas de pistas. Da mesma forma, mixagens maravilhosas foram produzidas a partir de apenas três pistas. Depende das escolhas iniciais que foram feitas, a qualidade dos sons, e de quão capaz foi o conjunto deles de excitar emoções escondidas nos corações da plateia. O princípio sublinhador: sempre tente fazer o máximo com o mínimo – com ênfase na tentativa. [...] O mesmo princípio se aplica aos vários encargos da realização fílmica: interpretação, direção de arte, fotografia, música, figurino etc. E, logicamente, também se aplica a edição igualmente. Você nunca diria que um certo filme foi bem editado porque possuía mais cortes. Geralmente, são necessários mais trabalho e discernimento para decidir onde não cortar[7].

Por fim, é importante ressaltar a reflexão de Murch sobre o processo de montagem, principalmente em relação à continuidade. Novamente, Murch reforça a necessidade de se guiar

4. *Idem, op. cit.*, pp. 5-6.
5. Walter Murch, *In the Blink of an Eye: A Perspective on Film Editing.*
6. A mixagem é a etapa final de um filme, no que diz respeito à sua sonorização. Durante a edição de som, são criadas pistas para os elementos sonoros do filme, geralmente dividas por categoria: diálogos, ruídos/efeitos, ambientes, músicas. Criam-se tantas pistas quanto necessário. Na mixagem, todas elas são reunidas numa única pista, exatamente o som que acompanhará a cópia do filme, acertando-se o nível de cada um dentro do conjunto, bem como equalização e relações.
7. Walter Murch, *op. cit.*, pp. 15-16.

pela narrativa, o que compensa certas liberdades eventualmente tomadas quanto a quebras de continuidade. E mesmo se
pensarmos num tipo de filme que não siga uma estrutura narrativa clássica, a mesma ideia permanece válida. Retomando
vários aspectos do que analisamos até agora, e também remetendo à discussão sonora, Murch compara o ato do corte ao
piscar do olho, ou até mesmo ao processo do sonho. Perguntando-se "Por que os cortes funcionam?", Walter Murch tece
um raciocínio que extrapola a outras implicações no processo
de edição, mas o que nos interessa aqui é a semelhança esta-
belecida em relação ao cotidiano:

Bem, embora a realidade do "dia a dia" pareça ser contínua, *existe*
aquele outro mundo no qual passamos talvez um terço de nossas vidas: a
realidade "noite a noite" dos sonhos. E as imagens nos sonhos são muito
mais fragmentadas, intersectando-se de maneiras muito mais estranhas
e abruptas do que na realidade quando acordados – maneiras que apro-
ximam, pelo menos, a interação produzida pelo corte. Talvez a explicação seja tão simples assim: nós aceitamos o corte porque ele lembra
o modo como as imagens são justapostas em nossos sonhos. De fato, a
ação abrupta do corte pode ser um dos determinantes-chave na produção
verdadeira da similaridade entre filmes e sonhos. [...] Algo a se considerar, entretanto, é a possibilidade de haver uma parte de nossa realidade
quando acordados na qual nós verdadeiramente experimentamos algo
como cortes e onde imagens diárias são aproximadas de alguma forma,
numa justaposição mais descontínua que possa parecer de outro modo
ser o caso[8].

Consequentemente, isto nos leva a voltar ao início do
nosso estudo, em que Munsterberg, Merleau-Ponty e Eisenstein comparam os processos de percepção da realidade na vida
e na arte, procurando estabelecer de que maneira funciona o
aparato cinema. E é nesse processo de identificação que se
encaixa o som dentro do filme, trazendo possibilidades narrativas e dramáticas, seja em continuidade ou não, porém sempre
associando-se harmoniosamente ao conjunto.

8. *Idem*, pp. 58-59.

REFERÊNCIAS BIBLIOGRÁFICAS

ADORNO, Theodor W. & EISLER, Hanns. *El Cine y la Musica*. Madrid, Editorial Fundamentos, 1981.

ARISTÓTELES. *Arte Retórica e Arte Poética*. Introd. e notas de Jean Voilquin e Jean Capelle, trad. de Antônio Pinto de Carvalho. São Paulo, DIFEL, 1964.

ARMES, Roy. *O Significado do Vídeo nos Meios de Comunicação*. São Paulo, Summus Editorial, 1998.

AUMONT, Jacques & MARIE, Michel. *L'Analyse des Films*. Paris, Nathan, 1989.

BAZIN, André. *O Cinema: Ensaios*. São Paulo, Brasiliense, 1991.

BALAZS, Bela. "Theory of the Film: Sound". *In:* WEIS, Elisabeth & BELTON, John. *Film Sound: Theory and Practice*. New York, Columbia University Press, 1985.

BELLOUR, Raymond. *L'Analyse du Film*. Paris, Éditions Albatros, 1979 (Collection ÇA Cinéma).

BERG-GANSCHOW, Uta & JACOBSEN, Wolfgang. "Der Schlafwandler: Fritz Lang und seine deutschen Filme". *In:* ...*Film* ...*Stadt* ...*Kino* ...*Berlin*. Berlin, Argon Verlag, 1987.

BERNDS, Edward. *Mr. Bernds Goes to Hollywood*. Maryland, Scarecrow Press, 1999.

BERTHOMÉ, Jean-Pierre. "*Metropolis* revisitée". *In: Positif.* Mars, 1996, pp. 94-98.

BORDWELL, David & THOMPSON, Kristin. "Fundamental Aesthetics of Sound in the Cinema". *In:* WEIS, Elisabeth & BELTON, John. *Film Sound – Theory and Practice.* New York, Columbia University Press, 1985, pp. 181-199.

BRESSON, Robert. "Notes on Sound". *In:* WEIS, Elisabeth & BELTON, John. *Film Sound – Theory and Practice.* New York, Columbia University Press, 1985.

BRUCE, Graham. *Bernard Herrmann: Film Music and Narrative.* Michigan, Ann Arbor, UMI Research Press, 1985.

CANDIDO, Antonio *et alli. A Personagem de Ficção.* São Paulo, Perspectiva, 1976.

CARDINAL, Roger. *O Expressionismo.* Rio de Janeiro, Jorge Zahar Editor, 1988.

CARROLL, Noël. "Lang and Pabst: Paradigms for Early Sound Practice", *In:* WEIS, Elisabeth & BELTON, John. *Film Sound: Theory and Practice.* New York, Columbia University Press, 1985.

CAVALCANTI, Alberto. "Sound in Films". *In:* WEIS, Elisabeth & BELTON, John. *Film Sound: Theory and Practice.* New York, Columbia University Press, 1985.

CHION, Michel. *La Parole au Cinéma: La Toile trouée.* Paris, Cahiers du Cinéma Éditions de l'Étoile, 1988 (Collection Essais).

_____. *Le Son au Cinéma.* Paris, Cahiers du Cinéma. Éditions de l'Étoile, 1994 (Collection Essais).

_____. *La Voix au Cinéma.* Paris, Cahiers du Cinéma Éditions de l'Étoile, 1993 (Collection Essais).

_____. *L'Audio-Vision.* Paris, Éditions Nathan, 1990 (Série "Cinéma et Image", Collection Nathan-Université).

_____. *O Roteiro de Cinema.* São Paulo, Martins Fontes, 1989 (Coleção Opus 86).

CINÉMATHÈQUE FRANÇAISE, MUSEO NAZIONALE DEL CINEMA, FILMOTECA GENERALITAT VALENCIANA. Torino. *Fritz Lang: La mise en scène.* Sous la direction de Bernard Eisenschitz et Paolo Bertetto. Torino, Lindau, 1993.

CINÉMATHÈQUE FRANÇAISE. *M le Maudit: un film de Fritz Lang.* Textes de Noël Simsolo, Bernard Eisenschitz et Gérard Legrand. Paris, Éditions Plume et Cinémathèque Française, 1990.

_____. *Metropolis: un film de Fritz Lang (images d'un tournage).* Photographies de Horst von Harbou; éclairages de Karl Freund, Photothèque de la Cinématèque Française, Paris. Textes de Claude Jean-Philippe, Alain Bergala, Luis Buñuel, Enno Patalas,

166

Bernard Eisenschitz. France, Centre National de la Photographie Cinématèque Française, 1985.

CLAIR, René. "The Art of Sound". *In:* WEIS, Elisabeth. & BELTON, John. *Film Sound: Theory and Practice.* New York, Columbia University Press, 1985, pp. 92-95.

COLLET, Jean *et alli. Lectures du Film.* Préface de Christian Metz. Paris, Éditions Albatros, 1980 (Collection ÇA Cinéma).

DOMARCHI, Jean & RIVETTE, Jacques. "Entretien avec Fritz Lang". *Cahiers du Cinéma.* n. 99, setembro, 1959.

EHRENZWEIG, Anton. *Psicanálise da Percepção Artística: Uma Introdução à Teoria da Percepção Inconsciente.* Rio de Janeiro, Zahar Editores, 1965.

EISENSTEIN, Sergei. *A Forma do Filme.* Rio de Janeiro, Jorge Zahar Editor, 1990.

_____. *O Sentido do Filme.* Rio de Janeiro, Jorge Zahar Editor, 1990.

_____. "Sobre o Capote de Gógol". *Revista da USP,* n. 2, jun.-jul.-ago.,1989.

EISENSTEIN, S. M.; PUDOVKIN, V. I. & ALEXANDROV, G. V. "A Statement". *In:* WEIS, Elisabeth. & BELTON, John. *Film Sound: Theory and Practice.* New York, Columbia University Press, 1985, pp. 83-85.

EISNER, Lotte. *Fritz Lang.* France, Cahiers du Cinéma/Cinémateque, 1984.

_____. *A Tela Demoníaca.* Rio de Janeiro, Paz e Terra/Instituto Goethe, 1985.

ELSAESSER, Thomas. *Metropolis.* London, British Film Institute, 2000.

ESPERANÇA, Ilma. *O Cinema Operário na República de Weimar.* São Paulo, Editora da UNESP, 1994.

EPSTEIN, Jean. "Slow-Motion Sound". *In:* WEIS, Elisabeth & BELTON, John. *Film Sound: Theory and Practice.* New York: Columbia University Press, 1985.

FORLENZA, Jeff & STONE, Terri (ed.). *Sound for Picture: an Inside Look at Audio Production for Film and Television.* Emeryville, Hal Leonard Publishing Corporation Mix Books, 1993.

FURNESS, R. S. *Expressionismo.* São Paulo, Perspectiva, 1990 (Coleção Elos).

GEHLER, Fred *et alli. Filmstadt Babelsberg: zur Geschichte des Studios und seiner Filme.* Potsdam, Filmmuseumpotsdam, 1994.

GEHLER, Fred & KASTEN, Ullrich. *Fritz Lang: die Stimme von Metropolis.* Berlin, Henschel Verlag GmbH, 1990.

GUINSBURG, J. *O Expressionismo.* São Paulo, Perspectiva, 2002 (Coleção Stylus).

JAKOBSON, Roman. "A Decadência do Cinema". In: Linguística, Poética e Cinema. São Paulo, Perspectiva, 1970 (Coleção Debates).

JARDIM, Gilmar Roberto. A Trilha Musical Publicitária: Do Briefing à Mixagem. Tese de mestrado. São Paulo, ECA-USP, 1991.

JULLIER, Laurent. Les sons au cinéma et à la télévision: précis d'analyse de la bande son. Paris, Armand Colin, 1995.

KLEIN, Claude. Weimar. São Paulo, Perspectiva, 1995 (Coleção Khronos).

KOERBER, Martin (org). Fritz Lang. Berlin, Filmmuseum Berlin Deutsche Kinemathek/jovis Verlag GmbH, 2001.

KRACAUER, Siegfried. De Caligari a Hitler: Uma História Psicológica do Cinema Alemão. Rio de Janeiro, Jorge Zahar Editor, 1988.

_____. "Dialogue and Sound". In: WEIS, Elisabeth & BELTON, John. Film Sound: Theory and Practice. New York, Columbia University Press, 1985.

KREIMEIER, Klaus. Une Histoire du Cinéma Allemand: la UFA. França, Flammarion, 1994.

LANG, Fritz. M: El Vampiro de Dusseldorf. Com prólogo de Miguel Porter. Barcelona, Aymá S.A. Ed., 1964 (Colección Voz-Imagem).

_____. Metropolis. Introd. Paul M. Jensen e Siegfried Kracauer. London-Boston, Faber and Faber, 1989.

LEONE, Eduardo. A Montagem como Linguagem e sua Incidência na Narrativa Fílmica. Tese de mestrado. São Paulo, ECA-USP, 1977.

MAIBOHM, Ludwig. Fritz Lang und seine Filme. Munique, Wilhelm Heyne Verlag, 1990.

MANZANO, Luiz Adelmo F. Estudo da Adaptação de uma Obra Literária para o Cinema: A Hora da Estrela (mimeo). Pesquisa realizada com Bolsa de Iniciação Científica junto à FAPESP. Orientação: Profs. Maria Rita Galvão e Jean-Claude Bernardet. março 1990-maio 1991.

MARMORSTEIN, Gary. Hollywood Rhapsody: Movie Music and its Makers: 1900 to 1975. New York, Schirmer Books, 1997.

MARNER, Terence St. John. A Direção Cinematográfica. São Paulo, Livraria Martins Fontes, 1980.

MARTIN, Marcel. A Linguagem Cinematográfica. São Paulo, Brasiliense, 1990.

MASSON, Alain. L'image et la parole: l'avènement du cinéma parlant. Paris, La Différence, 1989.

McGILLIGAN, Patrick. Fritz Lang: The Nature of the Beast. St. Martin Press, 1997. Indicações de edição e texto citados a partir da internet, Amazon Book.

MENDES, Eduardo Simões dos Santos. A Trilha Sonora nos Curta-

168

-Metragens de Ficção Realizados em São Paulo entre 1982 e 1992. Dissertação de mestrado. São Paulo, ECA-USP, 1994.

MENIL, Alain. *L'écran du temps*. Lyon, Presses Universitaires de Lyon, 1992 (Collection Regards et Écoutes).

MITRY, Jean. "Le mot et l'image". In: *Esthétique et Psychologie du Cinéma*. Livre I – Les Structures. Paris, Éditions Universitaires, 1963, pp. 65-104.

MURCH, Walter. *In the Blink of an Eye: A Perspective on Film Editing*. Los Angeles, Silman-James Press, 1995.

NAZÁRIO, Luís. *De Caligari a Lili Marlene: Cinema Alemão*. São Paulo, Global, 1983.

_____. *As Sombras Móveis: Atualidade do Cinema Mudo*. Belo Horizonte, Laboratório Multimídia da Escola de Belas Artes da UFMG, 1999.

PAINE, Frank. "Sound Mixing and *Apocalyse Now*: An Interview with Walter Murch". In: *Film Sound*. New York, Columbia University Press, 1985, pp. 357-360.

PALLOTTINI, Renata. *Dramaturgia: Construção do Personagem*. São Paulo, Ática, 1989.

PATALAS, Enno. *Metropolis in/aus Trümmern*. Berlin, Dieter Bertz Verlag, 2001.

PERCHERON, Daniel. "Sound in Cinema and its Relationships to Image and Diegesis". In: *Yale French Studies*, n. 60, Yale, Yale University Press, 1980.

PINEL, Vincent. "Pour une déontologie de la restauration des films". In: *Positif*, Mars, 1996, pp. 90-93.

PRENDERGAST, Roy M. *Film Music: A Neglected Art*. New York--London, W. W. Norton & Company, 1977.

PUDOVKIN, V. I. "Asychronism as a Principle of Sound Film". In: WEIS, Elisabeth & BELTON, John. *Film Sound: Theory and Practice*. New York, Columbia University Press, 1985, pp. 87-91.

REISZ, Karel & MILLAR, Gavin. *The Technique of Film Editing*. London--New York, Focal Press, 1968.

ROSENFELD, Anatol. *História da Literatura e do Teatro Alemães*. São Paulo, Perspectiva/Edusp/Unicamp, 1993.

_____. *Cinema: Arte & Indústria*. São Paulo, Perspectiva, 2002.

_____. *Na Cinelândia Paulistana*. São Paulo, Perspectiva, 2002.

_____. *Teatro Épico*. São Paulo, Perspectiva, 1985.

ROUBINE, Jean-Jacques. *A Arte do Ator*. Rio de Janeiro, Jorge Zahar Editor, 1987.

SAADA, Nicolas. "Lang, Le Cinéma absolument". In: *Cahiers du Cinéma*, n. 437, novembro, 1990.

SADOUL, Georges. "O Advento do Cinema Falado". *In: História do Cinema Mundial*, vol. I. São Paulo, Livraria Martins Editora, 1963, pp. 215-216.

SCHEBERA, Jürgen. *Damals in Neubabelsberg... Studios, Stars und Kinoplätze im Berlin der zwanziger Jahre*. Leipzig, Edition Leipzig, 1990.

THOMPSON, Kristin. "Early Sound Counterpoint". *In: Yale French Studies*, n. 60, Yale, Yale University Press, 1980.

TRUFFAUT, François. *Hitchcock / Truffaut: Entrevistas*. Trad. Maria Lúcia Machado. 4ª ed. São Paulo, Brasiliense, 1988.

VON ECKARDT, Wolf & GILMAN, Sander L. *A Berlim de Bertolt Brecht: Um Álbum dos Anos 20*. Trad. Alexandre Lissovsky. Rio de Janeiro, José Olympio, 1996.

XAVIER, Ismail (org.). *A Experiência do Cinema: Antologia*. Rio de Janeiro, Graal/Embrafilme, 1983.

WEIS, Elisabeth & BELTON, John. Entrevista: "Direct Sound: An interview with Jean-Marie Straub and Danièle Huillet". *In: Film Sound: Theory and Practice*. New York, Columbia University Press, 1985, pp. 150-153.

WRIGHT, Basil & BRAUN, B. Vivian. "Manifesto: Dialogue on Sound". *In: WEIS, Elisabeth. & BELTON, John. Film Sound: Theory and Practice*. New York, Columbia University Press, 1985.

REFERÊNCIAS FÍLMICAS

METROPOLIS
Ano de Produção: 1925/26
Direção: Fritz Lang
Roteiro: Thea von Harbou
Produtor: Erich Pommer / Produção: UFA
Fotografia: Karl Freund, Günther Rittau
Cenários: Otto Hunte, Erich Kettelhut, Karl Vollbrecht
Figurinos: Aenne Willkomm
Música: Gottfried Huppertz
Elenco Principal: Brigitte Helm (Maria/a criatura-máquina),
Alfred Abel (Joh Fredersen), Gustav Fröhlich (Freder),
Rudolf Klein-Rogge (Rotwang), Heinrich George (Groth),
Theodor Loos (Josaphat)

M, O VAMPIRO DE DÜSSELDORF
Ano de Produção: 1931
Direção: Fritz Lang
Roteiro: Thea von Harbou, Fritz Lang

Produtor: Seymour Nebenzahl/Produção: Nero-Film AG
Fotografia: Fritz Arno Wagner/Operador de Câmera: Karl
Vash
Cenários: Karl Vollbrecht, Emil Hasler
Som: Adolf Jansen
Montagem: Paul Falkenberg
Elenco Principal: Peter Lorre (Hans Beckert), Otto Wer-
nicke (Comissário Karl Lohmann), Theodor Loos (Comis-
sário Groeber), Ellen Widmann (Frau Beckmann), Inge
Landgut (Elsie Beckmann)

Demais filmes de Fritz Lang citados:

A Morte Cansada (ou *As Três Luzes*), Alemanha, 1921;
Dr. Mabuse, o Jogador (Parte 1: "Dr. Mabuse, o Jogador",
Parte 2: "Dr. Mabuse, o Inferno do Crime"), Alemanha,
1922;
Os Nibelungos (Parte 1: "A Morte de Siegfried", Parte 2: "A
Vingança de Kriemhild"), Alemanha, 1922-24;
Os Espiões, Alemanha, 1928;
A Mulher na Lua, Alemanha, 1929;
O Testamento do Dr. Mabuse, Alemanha, 1932-33;
Fúria, EUA, 1936.

Outros filmes citados:

Alexander Nevsky, S. Eisenstein, 1938;
Anjo Azul, Joseph von Sternberg, 1930;
Balé Mecânico (curta), Dudley Murphy, 1927;
Broadway Melody, Harry Beaumont, 1929;
Cantando na Chuva, Stanley Donen e Gene Kelly, 1952;
Chegada do Trem na Estação, irmãos Lumière, 1895;
O Estudante de Praga, Paul Wegener, 1913;
O Estudante de Praga, Henrik Galeen, 1926;
Fausto, F. W. Murnau, 1926;
O Gabinete do Dr. Caligari, Robert Wiene, 1919;
Genuine, Robert Wiene, 1920;
O Golem, Henrik Galeen, 1915;
O Golem, Paul Wegener e Carl Boese, 1920;

A Greve, S. Eisenstein, 1925;

Guerra nas Estrelas, George Lucas, 1977;

Henrique V, Laurence Olivier, 1944;

Homunculus, Otto Rippert, 1916;

Judith of Bethulia, D. W. Griffith, 1913;

O Martírio de Joana D'Arc, Carl Dreyer, 1926;

A Morte do Caixeiro-Viajante, Stanley Kramer, 1953;

Napoléon, Abel Gance, 1927;

Nascimento de uma Nação, D. W. Griffith, 1914;

Os Olhos da Múmia Ma, Ernst Lubitsch, 1918;

O Outro, Paul Lindau e Paul Wegener, 1913;

Outubro, S. Eisenstein, 1927;

La Piste de 98 / The Trail of 98, C. Brown, 1928;

Prénom: Carmen, Jean-Luc Godard, 1983;

Prince Étudiant, Ernst Lubitsch, 1927;

Quatre Fils / Four Sons, John Ford, 1928;

Rendez-vous à Bray, André Delvaux, 1971;

Uma Rua Chamada Pecado, Charles K. Feldman, 1952;

O Silêncio, Ingmar Bergman, 1963;

Solaris, Andrei Tarkovski, 1972;

O Último Homem, F. W. Murnau, 1924;

A Greve, S. Eisenstein, 1925;
Guerra nas Estrelas, George Lucas, 1977;
Hamlet, L. Laurence Olivier, 1944
Homunculus, Otto Rippert, 1916;
Judith of Bethulia, D. W. Griffith, 1913;
O Martírio de Joana D'Arc, Carl Dreyer, 1929
A Morte de Cagliostro-Vigonre, Stanley Kramer, 1938;
Napoleon, Abel Gance, 1927
Nascimento de uma Nação, D. W. Griffith, 1914
Os Olhos da Múmia Ma, Ernst Lubitsch, 1918;
O Ouro, Paul Linden e Paul Wegener, 1915;
Outubro, S. Eisenstein, 1927;
La Passion de .../ The Trail of'98, C. Brown, 1928;
Prénom: Carmen, Jean-Luc Godard, 1983;
Prince Confiné, Ernst Lubitsch, 1927;
Quatro Filhos, Four Sons, John Ford, 1928;
Rendez-vous d'Anna, André Delvaux, 1971;
Uma Boa Ninhada Peçado, Charles K. Feldman..., 19.;
O Silêncio, Ingmar Bergman, 1963;
Solaris, Andrei Tarkovski, 1972;
O Último Homem, F. W. Murnau, 1924;

LUIZ ADELMO FERNANDES ABRANCHES

Nasceu em Belo Horizonte em 1971. Graduado em Cinema pela ECA-USP, seus trabalhos em direção incluem *Problemas de Consciência* (1996), *O Ritmo de São Paulo* (1994) e *Caixa de Pandora* (1992). É mais conhecido por sua atuação na área de som, como *sound designer*, editor de som, mixador e técnico de som direto, com trabalhos que incluem *As tranças de Maria* (Pedro Rovai), *Os Xeretas* (Michael Ruman), *Tolerância* (Carlos Gerbase), *O Primeiro Dia* (Walter Salles e Daniela Thomas), *Mauá, o Imperador e o Rei* (Sérgio Rezende) e *Anahy de las Misiones* (Sérgio Silva), além de diversos filmes de curta-metragem, programas para televisão e institucionais. Seu interesse por som motivou a pesquisa de mestrado (base deste livro) e de doutorado, em desenvolvimento, com o apoio da Fapesp, sobre os avanços tecnológicos na edição de som nos anos 1990 e seus reflexos na produção brasileira.

Este livro foi impresso na cidade de Cotia,
nas oficinas da Meta Brasil,
para a editora Perspectiva.